KB260162

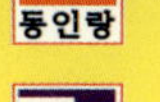

www.donginrang.co.kr

[주]동인랑

홈페이지에서 **외국어**를 더욱 가깝게 느껴보세요.

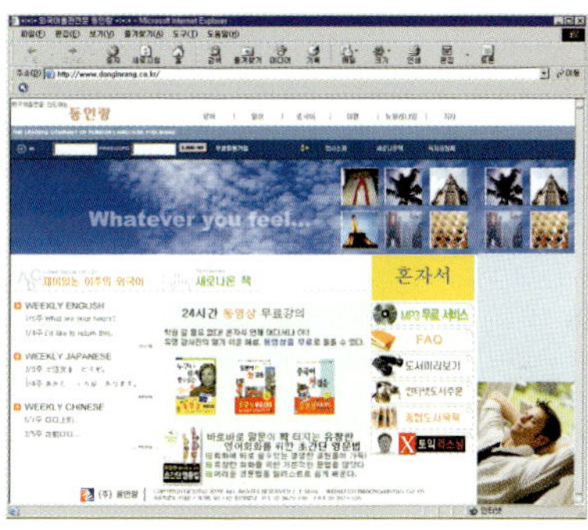

일주일에 한번씩
홈페이지에서 제공하는
재미있는
영어
일본어
중국어 회화를 배워보세요.

동인랑

[주]동인랑에서는 참신한 외국어 원고를 모집합니다

여러분의 외국어 학습에는 언제나
(주)동인랑이 성실한 동반자가 되어줄 것입니다.

우리말로 배우는 아주쉬운

중국어 회화

동인랑

중국어 회화

판권본사소유 동인랑

2판 1쇄 2006년 1월 5일

저자 김혜경 | 발행인 송운하 | 발행처 (주)동인랑 | 표지 김혜경 | 인쇄 (주)백산인쇄

130-872
서울시 동대문구 회기동 60-110
대표전화 02-967-0700 | 팩시밀리 02-967-1555
출판등록 제 6-0406호 | 일본판매 삼중당 Tokyo | 미국판매 샘터문고 LA

©2000, Donginrang Co., Ltd.
ISBN 89-7582-422-5

인터넷의 세계로 오세요.

www.donginrang.co.kr

webmaster@donginrang.co.kr

(주)동인랑에서는 참신한 외국어 원고를 모집합니다.   ········ 잘못된 책은 교환해 드립니다.

우리말로 배우는 아주쉬운

중국어 회화

동인랑

여러분의 외국어 학습에는 언제나
[주]동인랑이 성실한 동반자가 되어 줄 것입니다.

◎ 머리말 ◎

이제는 세계 어느 곳이나 국내 여행 정도의 가벼운 마음으로 떠날 수 있는 시대이다. 중국으로 가고자 하는 사람들의 수요가 점차 늘어나는 지금, 이 책은 중국 여행중 회화 한두마디라도 하는데 도움을 줄 수 있게 하고자 만들어졌다. 언어 소통이 원활하지 못하면 유익하고 즐거운 경험을 얻기도 전에 여러 가지 불편함에 부딪치게 된다. 따라서 꼭 필요한 회화 정도만이라도 익힌다면 여행을 한층 즐거울 것이다.

이 책은 실제 중국에 처음 갔을 때 생길 수 있는 상황들을 쇼핑, 서비스, 식사, 오락, 교통, 여행, 긴급 등 7가지 상황으로 크게 나누었고, 중국으로 가는 비행기 안의 서비스에서부터 도착하여 겪을 수 있는 장면들을 예상하여 30가지 소제목을 달고 각각의 상황에 많이 쓰이는 표현과 어휘를 모아 놓았으며 간단한 실용회화를 함께 엮어 초보자들도 잘 이용할 수 있게 될 것이다. 중국어 문장은 어려운 단어를 나열하기보다는 가능한 한 짧으면서도 정확하게 표현하고자 했으며 쉽게 익힐 수 있도록 한어병음(汉语拼音)외에 원음에 가까운 한글 발음토를 달았고 짧지만 각 상황별 중국의 정보도 함께 실어 흥미를 더했다.

이제 우리 생활속에 깊숙이 파고 들어있는 중국어에 많은 관심과 꾸준한 인내로 여러분의 중국어 회화 실력이 나날이 향상되기를 바란다.

끝으로 서점 안에 자리한 회화책들 가운데 이 책이 중국으로 여행하고자 하는 많은 사람들 곁에서 제목의 역할을 충실히 해 주기를 바란다.

저자

차례

5 ······························ **머리말**
8 ······························ **일러두기**

발음 ····················· 10
기본회화 ·············· 22

본문

쇼핑

51 ····································· 쇼핑안내
55 ····································· 물건고르기
61 ····································· 흥정
65 ····································· 지불 및 포장

서비스

69 ····································· 미용실과 미용
73 ····································· 병원에서
79 ····································· 약국에서
83 ····································· 은행에서
87 ····································· 우체국에서
91 ····································· 세탁소에서

식사

95 ····································· 레스토랑 예약
99 ····································· 안내 및 주문
105 ···································· 패스트푸드
109 ···································· 계산

오락

113 ·· 스포츠
117 ·· 공연
121 ·· 초대

교통

125 ·· 길안내
129 ·· 기차와 전철
135 ·· 버스
139 ·· 택시
143 ·· 렌터카

여행

147 ·· 기내에서
153 ·· 공항에서
157 ·· 체크인과 체크아웃
161 ·· 룸서비스
165 ·· 관광

긴급

171 ······································· 질병
175 ······································· 분실과 도난
179 ······································· 길을 잃었을 때

부록

184 ······························· **수.시간.도량형**
190 ······························· **유용한 한중단어**

일러두기

1.
중국어의 한글 발음토는 원음에 가깝기는 하나 정확하게 표현하는데 한
계가 있고, 발음은 실제 중국인이 녹음한 tape를 들으며 연습해야 한다.
특히, 권설음인 zh, ch, sh의 경우 설치음인 z, c, s의 한글발음토와 마
찬가지로 모음 앞에서 'ㅈ, ㅊ, ㅅ'으로 표기했으나 발음하는 방법이 다
름으로 유의해야 한다.

2.
한어 병음의 'f'는 영어의 'f' 발음과 유사하므로 한글발음토상에는 'ㅍ'으
로 표기했으나 'p'와 구분하여 발음해야 한다.

3.
결합 운모 중에서 'ye', 'yan', 'yue', 'yuan'의 한글발음토를 '이에', '이앤',
'위에', '위앤'으로 'a'와 'e'의 발음 구분을 위해 '애', '에'로 다르게 표기
하였다.

4.
중국어는 원칙적으로 띄어쓰기를 하지 않기에 한어병음과 한글 발음토
상에서만 띄어쓰기를 하였다.

5.
때로는 문법적인 문장보다는 실제 중국 현지에서 통용되는 구어체식으
로 표현하였다.

6.
짤막한 정보를 중간중간에 실어(**i**) 중국의 사정과 문화를 엿볼수 있도
록 하였다.

7.
한글로 찾을 수 있는 단어장을 실어, 필요할 때마다 단어를 찾아보고,
어휘를 체크 및 확장해 나갈 수 있도록 하였다.

※ **중국어 녹음된 부분** ·············· **발음 · 기본회화 · 눈에 띄는 기본표현 · 실용회화**

발음

뉴밀레니엄 중국어회화

중국어의 특성

　중국어와 우리말의 가장 큰 차이점은 말의 순서가 다르고 성조가 있다는 것이다. 그리고 중국어는 우리말이나 영어와 달리 인칭이나 격에 따라 어형이 변하는 일이 없다. 예를 들면 「我」가 그 놓인 자리에 따라 주격(내가…)이 되기도 하고 목적격(나를…), 소유격(나의…)이 되기도 한다. 또, 과거나 미래시제의 어미 변화가 없어서 경험을 나타내는 동사 「过」나 「了」가 붙어 앞 뒤 문장을 보고 해석을 하게 된다. 따라서 '我是学生.'이 상황에 따라 '나는 학생입니다.'가 되기도 하고, '나는 학생이었습니다.'가 되기도 한다. 또한 중국어에는 존칭어가 없다. 2인칭 你(너)의 존칭인 您(당신)가 있을 뿐이며 우리말의 존칭을 나타내는 '…님'과 같은 어미가 없다. 따라서, 말하는 사람이나 해석하는 사람에 따라 '선생'이 되기도 하고 '선생님'이 되기도 하며 '아빠, 아버지, 아버님' 등과 같이 두루두루 해석된다.

1 ……… 성조(声调)

　중국어와 우리말의 가장 큰 차이점은 중국어에는 기본적으로 네 가지 성조가 있다는 것이다. 성조에 따라 같은 음이라도 그 뜻이 다르며(妈 - mā : 어머니, 麻 - má : 삼베, 马 - mǎ : 말, 骂 - mà : 욕하다), 같은 글자라도 뜻이 달라진다(好 - hǎo : 좋다, hào : 좋아하다).

　따라서 성조를 지키지 않을 경우 의사소통에 오해가 생기게 된다. 성조를 정확히 익히기 위해서는 중국어를 배우는 초기에 매 글자의 성조를 정확히 기억해야 하며, 많은 발음, 회화연습을 통하여 자연스럽게 익혀야 한다. 한 번 잘못 익힌 성조는 고치기 힘드므로 번거롭고 시간이 걸리더라도 초기에 올바로 익히는 것이 중요하다.

성조부호는 모음 위에 표기(你 nǐ, 我 wǒ)하며, 한 단어에 두 개 이상의 모음이 있을 경우, 주요 모음「a, e, o」위에 표기(来 lái, 都 dōu)한다.

제1성·· 고음에서 시작하여 같은 높이로 끝까지 발음하는 성조로 후반에 힘을 준다.
[ˉ] 예····tā [他] : 그　·bīng [冰] : 얼음

제2성·· 약간 낮은음에서 시작하여 고음을 향해 올리는 성조로 단숨에 숨을 끌어올린다.
[／] 예····yú [鱼] : 물고기　·shí [十] : 열

제3성·· 중저음에서 시작하여 음을 낮게 떨어뜨리는 성조로 끝부분은 자연스럽게 올라가는데 단지 부수적인 사항이다.
[∨] 예····lǎo [老] : 나이가 많은　·wǎn [晚] : 저녁

제4성·· 고음에서 시작하여 급격히 가장 낮은 음으로 내리는 성조로 발성과 동시에 발음을 끝낸다고 생각하면 된다.
[＼] 예····dòng [动] : 움직이다　·bàn [半] : 반

17 경성(经声)

경우에 따라서 발음하기 순조롭고 듣기에 편하기 위해 원래 성조를 무시하고 짧고 가볍게 읽어준다. 예를 들어 '爸爸 bàba : 아버지'의 경우 두 음절 모두 제4성으로 발음한다면, 말하는 사람도 힘들고 딱딱하며 듣기에도 거북하기 때문에 뒷음절은 제4성이 아닌 경성으로 가볍게 발음해 준다.
예····爸爸 bàba : 아버지

2) 변조 (变调)

3성이 겹쳐 올 경우 편한 발음을 위해 앞 음절의 3성은 2성으로 바뀌게 된다. 예를 들어 '你好 nǐ hǎo'의 경우 앞의 「你」는 2성으로 변하게 되고, '我也好 wǒ yě hǎo'의 경우에도 앞의 두 음절 「我也」가 2성으로 변한다.

예‥ ·你好 nǐ hǎo : 안녕하세요
　　·我也好 wǒ yě hǎo : 저도 잘 지냅니다

3) 「不」의 변조

「不 bù」는 원래 제4성이지만 제4성으로 소리나는 글자 앞에서는 제2성으로 변한다.

예‥ ·不谢 búxiè : 고맙지 않다　·不是 bú shì : 아니다

그러나 제1·2·3성 앞에서는 원래와 같이 제4성으로 소리내어진다.

예‥ ·不新 bù xīn : 새롭지 않다　·不来 bù lái : 오지 않다
　　·不好 bù hǎo : 좋지 않다

4) 「一」의 변조

「一 yí」은 원래 제1성이지만 제4성이나 제4성의 글자가 경성으로 변하여 발음되는 글자 앞에서는 제2성으로 변하게 된다.

예‥ ·一块 yí kuài : 한조각　·一个 yí ge : 한 개

제1·2·3성 글자 앞에서는 제4성으로 소리내어진다

예‥ ·一天 yìtiān : 하루　·一年 yìnián : 일년 같이

5) 얼화(儿化)

대화체에서 주로 나타나는 어음현상의 일종으로 북경일대의 지방에서 특히 두드러진다. 주로 명사에 많이 사용되며 단어의 맨 뒤에 「er」이 붙어 「~~얼」로 소리내어지는데,

　예… 这儿　zhèr : 여기

자체에는 아무 뜻도 없지만 작고 귀여운 느낌을 강조해 주거나,

　예… 孩子　háizi : 아이　　·孩子儿 háizir : 아이

단어의 품사를 변화시키기도 하고,

　예… 画　huà : 그리다　　·画儿　huàr : 그림

그 뜻이 변하기도 한다.

　예… 水　shuǐ : 물　　·水儿　　shuǐr : 과즙

6) 격음부호

「a, o, e」로 시작되는 음절이 연이어질 경우, 두음절의 혼동을 막고 그 구분을 확실히 하기 위해서 중간에 격음부호 「'」를 사용한다.

　예… 女儿 nǚ'ér : 딸

2 ⋯⋯ 성모와 운모

1) 성모

성모(声母)란 표음 문자의 자음(子音)과 대체적으로 같은 것으로 발음 부위와 방법에 따라 다음과 같이 분류할 수 있다.

b	뽀	p	포	m	모	f	포
d	떠	t	터	n	너	l	러
g	꺼	k	커	h	허		
j	지	q	치	x	시		
zh	즈	ch	츠	sh	스	r	르
z	쯔	c	츠	s	쓰		

자음 중 zh, ch, sh, r, z, c, s를 제외하고는 단음으로, 독립적으로 음을 나타낼 수 없으며 반드시 모음 앞에서 첫음만 낸다.

아래의 한글 표기는 원음에 가깝게 표기했을 뿐이지 실제 음이 아니므로 어학재료를 이용하여 정확히 발음하도록 노력해야 한다.

자음	발음	입모양새
b	[뽀] 두입술을 다물었다가 떼면서 우리말의 [뽀]와 같은 소리를 낸다.	
p	[포] (b)와 발음 요령은 같으나 바람을 입 밖으로 강하게 내보내면서 [포]와 같은 소리를 낸다.	

자음	발음	입모양새
m	[모] 성대가 울리며 두 입술을 다물었다가 떼면서 [모]와 같은 소리를 낸다.	
f	[포] 윗니를 아랫입술에 살며시 갖다 대고 그 사이로 가볍게 숨을 내면서 소리낸다. 영어의 [f]와 같은 발음이다.	
d	[떠] 혀끝을 윗잇몸에 붙였다가 떼면서 [떠]와 같은 소리를 낸다.	
t	[터] 숨을 강하게 내보내면서 [터]와 같은 소리를 낸다.	
n	[너] 숨을 코로 보내면서 [너]와 같은 소리를 낸다.	
l	[러] 혀끝을 세워 윗잇몸에 붙이고 있다가 떼면서 [러]와 같은 소리를 낸다.	
g	[꺼] 혀뿌리를 입천장에 붙였다가 떼면서 [꺼] 음을 낸다.	
k	[커] 숨을 강하게 내보내면서 [커]와 같은 소리를 낸다.	
h	[허] 혀뿌리를 올려 입천장에 닿을 듯이 하여 그 사이로 숨을 내쉬면서 [허]와 같은 소리를 낸다.	
j	[지] 혓바닥을 올려 입천장에 가볍게 붙였다가 살짝 떼면서 우리말의 [지]음을 낸다.	

자음	발음	입모양새
q	[치] 숨을 강하게 내보내면서 [치]와 같은 소리를 낸다.	
x	[시] 혓바닥을 입천장에 접근시키되 붙이지 말고 그 사이로 숨을 내쉬면서 우리말의 [시]음을 낸다.	
zh	[즈] 혀끝을 안으로 말아올려 입천장에 가볍게 닿게 한 뒤 약간만 떼면서 그 사이로 숨을 내쉬며 [즈]와 같은 소리를 낸다.	
ch	[츠] 'zh'와 같은 방법으로 하되 입김을 더 강하게 내보내면서 [츠]와 같은 소리를 낸다.	
sh	[스] 'zh'의 발음 요령과 같으나 혀끝을 입천장에 닿을듯 말듯한 상태에서 그 사이로 숨을 내쉬며 [스]와 같은 소리를 낸다.	
r	[르] 'sh'와 같은 방법으로 하되 성대를 울리면서 [르]와 같은 소리를 낸다.	
z	[쯔] 아랫니와 윗니를 맞물고 혀끝을 앞으로 쭉 뻗쳐 윗니 안쪽에 댔다가 조금 떼면서 [쯔]와 같은 소리를 낸다.	
c	[츠] 'z'와 같은 방법으로 하되 숨을 더 강하게 내보내면서 [츠]와 같은 소리를 낸다.	
s	[쓰] 혀끝을 윗니 안쪽에 약간 닿을 듯 말듯한 상태에서 그 사이로 숨을 내쉬며 [쓰]와 같은 소리를 낸다.	

27 일반운모

운모(韻母)란 표음문자의 모음(母音)과 대체적으로 같은 것으로, 모두 16개의 일반운모와 22개의 결합운모로 이루어져있으며, 이들은 다음과 같이 분류할 수 있다.

단운모	a, o, e, ê, i, u, ü	아, 오, 어, 애, 이, 우, 위
복운모	ai, ei, ao, ou	아이, 에이, 아오, 오우
부성운모 (附聖韻母)	an, en, ang, eng	안, 언, 앙, 엉
권설운모 (倦舌韻母)	er	얼

주의…'i, u, ü'가 단독음절로 쓰일 때는 'yi, yu, wu'로 표기한다.

모음	발음	입모양새
a	[아] 혀를 입 바닥으로 낮게 내리고 입은 크게 벌리면서 우리말의 [아]음을 낸다.	
o	[오] 입모양을 둥글게 하고 혀를 약간 올린 상태에서 우리말의 [오]의 중간음을 낸다.	
e	[어] 입을 반쯤 벌리고 혀를 뒤로 약간 끌어당긴 채 우리말의 [어]음을 낸다.	
ê	[애] 입술을 반쯤 열어 양옆으로 벌리고 우리말의 [애]와 비슷한 발음으로 소리낸다.	
i	[이] 입은 작게 벌린 상태에서 우리말의 [이]음을 낸다.	

모음	발음	입모양새
u	[우] 입술은 둥글게 오므리면서 우리말의 [우]음을 낸다.	
ü	[위] 옆으로 피리를 불때처럼 입술을 오므리고 앞으로 내밀되 약간 옆으로 벌린 듯하면서 우리말 [위]에 가깝게 발음한다.	
ai	[아이] 우리말의 [아이]와 같이 발음하되, 「a」에 강세를 두고 「i」는 가볍게 붙여읽는식으로 한다.	
ei	[에이] 우리말의 [에이]와 같이 발음하되, 「e」에 강세를 두고 「i」는 가볍게 붙여읽는식으로 한다.	
ao	[아오] 우리말의 [아오]와 같이 발음하되, 「a」에 강세를 두고 「o」는 가볍게 붙여읽는식으로 한다.	
ou	[오우] 우리말의 [오우]와 같이 발음하되, 「o」에 강세를 두고 u」는 가볍게 붙여읽는식으로 한다.	
an	[안] 우리말의 [안]을 발음하듯, 「a」발음을 내다가 콧소리 「ŋ」을 넣고 우리말의 「ㄴ」받침을 붙이면 된다.	
en	[언] 우리말의 [언]을 발음하듯, 「e」발음을 내다가 우리말의 「ㄴ」받침을 붙이면 된다.	
ang	[앙] 우리말의 [앙]을 발음하듯, 「a」발음을 내다가 우리말의 「ㅇ」받침을 붙이면 된다.	
eng	[엉] 우리말의 [엉]을 발음하듯, 「어」발음을 내다가 우리말의 「ㅇ」받침을 붙이면 된다.	
er	[얼] 우리말의 [얼]을 발음하듯, 먼저 「e」발음을 내다가 혀끝을 입천장을 향해 약간 말아 올리면서 우리말의 「ㄹ」받침을 붙이면 된다.	

3) 결합운모

모음 중(i, u, u) 뒤에 다른 모음이 합쳐 결합모음이 된다.

ya 이야	**ye** 이에	**yao** 야오	**you** 요우
yan 이앤	**yin** 인	**yang** 양	**yong** 융
wa 와	**wo** 워	**wai** 와이	**wei** 웨이
wan 완	**wen** 원	**wang** 왕	**weng** 웡
yue 위에	**yuan** 위앤	**yun** 윈	

3 ······한어 병음방안

병음(倂音)이란 두 개 또는 그 이상의 자모를 결합해서 음(音)을 표기하는 것을 말한다. 중국어는 영어의 알파벳을 차용하여 표기하지만 그 읽는 방법이 각각 틀리므로 주의해야 한다. 또한 앞에 성모가 없이 모음으로 음절이 시작될 때는 한어병음방안의 표기법이 다음과 같이 달라진다.

1) i로 시작하는 음절 - 『i』를 『y』로 바꾸어 표기한다.

예… ·ia → ya ·iao → yao ·ie → ye ·iong → yong
　　단, 음절중 『i』모음만 있으면 『i』를 『yi』로 바꾸어 표기한다.

예… ·i → yi ·in → yin ·ing → ying

2) u로 시작하는 음절 - 『u』를 『w』로 바꾸어 표기한다.

　예···ua → wa　·uo → wo　·uan → wan　·uang → wang
　　　 단, 음절중 『u』모음만 있으면 『u』를 『wu』로 바꾸어 표기한다.
　예···u → wu

3) ü로 시작하는 음절 - 『ü』를 『yu』로 바꾸어 표기한다.

　예···üe → yue　·üan → yuan　·ün → yun

4) ü는 j, q, x, y 뒤에서 - 위의 두 점을 없애고 u로 쓴다.

　예···jü→ ju　·qüe → que　·xüan → xua　·yün → yun

기본회화

뉴밀레니엄 중국어회화

'你好(니 하오)!'는 일상 인사말로 모든 사람에게 쓸 수 있으며 대답도 '你好(니 하오)!'이다. 이에 반해 '你好吗?(니 하오 마)'는 일반적으로 이미 아는 사람 사이에 쓰이는 안부를 묻는 인사말로 대답은 일반적으로 '我很好(워 헌 하오)。' 등이다.

안녕하세요!

你好!
Nǐ hǎo

니 하오

안녕하십니까?

你好吗?
Nǐ hǎo ma

니 하오 마

안녕하세요. (아침)

早上好! / 早安!
Zǎoshang hǎo　　Zǎo ān

자오샹 하오 / 자오 안

안녕하세요. (점심)

中午好! / 午安!
Zhōngwǔ hǎo　　Wǔ ān

쫑우 하오 / 우 안

안녕하세요. (저녁)

晚上好!
Wǎnshang hǎo

완샹 하오

오래간만입니다.

好久不见。
Hǎojiǔ bú jiàn

하오지우 부지앤

건강하십니까?

你身体好吗?
Nǐ shēntǐ hǎo ma

니 션티 하오 마

아주 좋습니다. 고맙습니다.

很好。谢谢!
Hěn hǎo　　Xièxie

헌 하오 / 시에시에

여전히 좋습니다.

还好。
Hái hǎo

하이 하오

예전 그대로입니다.

还是老样子。
Háishi lǎo yàngzi

하이스 라오 양즈

그저 그렇습니다.

马马虎虎。
Mǎmahūhū

마마후후

사업은 바쁩니까?

你工作忙吗？
Nǐ gōngzuòmáng ma

니 꽁쭈오 망 마

다음에 뵙겠습니다.

再见！
Zài jiàn

짜이 지앤

내일 뵙겠습니다.

明天见！
Míngtiānjiàn

밍티앤 지앤

안녕히 가십시오.

慢走。
Màn zǒu

만 조우

안녕히 주무십시오.

晚安。
Wǎn ān

완 안

사회주의 국가로서 타인에게 개방적인 성격이 아니며 중국인에게 자가를 소개할 때 자신의 명함을 건네면서 정중하게 대한다. 특히 사업차 갈 경우에는 반드시 명함을 소지하고 내용은 한자로 바꾸어 쉽게 알 수 있도록 하는 것이 좋다.

처음 뵙겠습니다.

初次见面。
Chū cì jiànmiàn
쥬 츠 찌앤미앤

만나서 반갑습니다.

见到你很高兴。
Jiàn dào nǐ hěn gāoxìng
지앤 따오 니 헌 까오씽

알게 되어서 매우 기쁩니다.

认识你非常高兴。
Rènshi nǐ fēicháng gāoxìng
런스 니 페이챵 까오씽

많이 보살펴 주십시오.

多多关照。
Duō duō guānzhào
뚜어 뚜어 꽌쟈오

말씀 많이 들었습니다.

久仰久仰。
Jiǔyǎng jiǔyǎng
지우양 지우양

당신의 성함은 무엇입니까?

您贵姓？
Nín guì xìng
닌 꾸이 씽

나는 이씨입니다.

我姓李。
Wǒ xìng Lǐ
워 씽 리

나는 이미선입니다.

我叫 ／ 我是李美善。
Wǒ jiào　　Wǒ shì Lǐ měishàn
워 찌아오 / 워 스 리메이샨

당신은 어느 나라 사람입니까?

你是哪国人？
Nǐ shì nǎ guó rén

니 스 나 구어 런

나는 한국인입니다.

我是韩国人。
Wǒ shì Hánguórén

워 스 한구어런

당신도 한국인입니까?

你也是韩国人吗？
Nǐ yě shì Hánguórén ma

니 이예 스 한구어런 마

아닙니다, 저는 한국 사람이 아닙니다.

不，我不是韩国人。
Bù　wǒ bú shì Hánguórén

뿌 워 뿌스 한구어런

나는 학생입니다.

我是学生。
Wǒ shì xuésheng

워 스 쉬에셩

저는 회사에서 파견 나왔습니다.

我是公司派来的。
Wǒ shì gōngsī pài lái de

워 스 꽁스 파이라이 더

이것이 저의 명함입니다.

这是我的名片。
Zhè shì wǒ de míngpiàn

쩌 스 워 더 밍피앤

제가 소개 좀 하겠습니다.

我给你介绍一下。
Wǒ gěi nǐ jièshào yíxià

워 게이 니 찌에샤오 이시아

남에게 질문을 하거나 어떤 알지 못하는 사실에 대해 문의하고자 할 때에는 '请问(칭원 - 말씀 좀 묻겠습니다.)'라는 말을 먼저 하여 예절을 갖추어 말하도록 한다. 나이, 출신, 거주지, 가족 사항, 직업 등은 교제를 할때 가장 기본적인 표현이다.

누구십니까?

是谁?
Shì shuí

스 쉐이

누구의 것입니까?

是谁的?
Shì shuí de

스 쉐이 더

언제입니까?

什么时候?
Shénme shíhou

셔머 스호우

어디입니까?

什么地方?
Shénme dìfang

셔머 띠팡

어디에 있습니까?

在哪儿?
Zài nǎr

짜이 나알

이것은 무엇입니까?

这是什么?
Zhè shì shénme

쩌 스 셔머

저것은 무엇입니까?

那是什么?
Nà shì shénme

나 스 셔머

왜입니까?

为什么?
Wèi shénme

웨이 셔머

어떻습니까?

怎么样？
Zěnmeyàng

쩐머양

어떻게 갑니까?

怎么走？
Zěnme zǒu

쩐머 조우

무슨 일입니까?

怎么回事？
Zěnme huí shì

쩐머 훼이 스

얼마입니까?

多少钱？
Duōshaoqián

뚜어샤오 치앤

몇 개입니까?

几个？
Jǐ ge

지 거

몇 시입니까?

几点？
Jǐ diǎn

지 디앤

무슨 요일입니까?

星期几？
Xīngqī jǐ

씽치 지

몇 월 몇 일입니까?

几月几号？
Jǐ yuè jǐ hào

지 위에 지 하오

날씨가 어떻습니까?

天气怎么样？
Tiānqì zěnmeyàng

티앤치 쩐머양

이름이 뭡니까?

你叫什么名字？
Nǐ jiào shénme míngzi

니 찌야오 션머 밍즈

올해 몇 살입니까?

你今年几岁？ / 你今年多大？
Nǐ jīnnián jǐ suì　　Nǐ jīnnián duōdà

니 진니앤 지 쑤이 / 니 진니앤 뚜어띠

올해 연세가 어떻게 되십니까?

您今年多大年纪？
Nín jīnnián duō dà niánjì

닌 진니앤 뚜어따 니앤지

키가 얼마입니까?

你多高？
Nǐ duō gāo

니 뚜어 까오

어느 나라 사람입니까?

是哪国人？
Shì nǎ guó rén

스 나 구어 런

어디에서 사십니까?

你住在哪儿？
Nǐ zhù zài nǎr

니 쭈 짜이 나알

어디에서 근무하십니까?

你在哪儿工作？
Nǐ zài nǎr gōngzuò

니 짜이 나알 꽁쭈어

직업이 무엇입니까?

你干什么工作？
Nǐ gàn shénme gōngzuò

니 깐 션머 꿍꾸어

가족은 몇 명이십니까?

你家有几口人？
Nǐ jiā yǒu jǐ kǒu rén

니 지아 요우 지 코우 런

결혼하셨습니까?

你结婚了吗？
Nǐ jiéhūn le ma

니 지에훈 러 마

어디 가십니까?

你去哪儿？
Nǐ qù nǎr

니 취 나알

여기가 어디입니까?

这是什么地方？
Zhè shì shénme dìfang

쩌 스 션머 띠팡

무엇을 하고 있습니까?

你做什么？
Nǐ zuò shénme

니 쭈어 션머

어떤 색깔을 좋아하십니까?

你喜欢什么颜色？
Nǐ xǐhuān shénme yánsè

니 시환 션머 이앤써

취미는 무엇입니까?

你的爱好是什么？
Nǐ de àihào shì shénme

니 더 아이하오 스 션머

질문에 대해 간단히 답할 수 있는 여러 가지 표현들이 있다. 이들만으로도 자기 의사를 정확히 표현할 수 있는데 특히 '好(하오)'는 '좋다, 훌륭하다'라는 뜻으로 동의를 나타내는 대답인 '좋습니다, 좋아요' 또는 '예'에 해당하는 말이다.

그렇습니다.

是。 / Shì — 스

아닙니다.

不是。 / Bú shì — 부 스

있습니다.

有。 / Yǒu — 요우

없습니다.

没有。 / Méiyǒu — 메이요우

맞습니다.

对。 / Duì — 뚜에이

틀립니다.

不对。 / Bú duì — 뿌 뚜에이

계십니다.

在。 / Zài — 짜이

안 계십니다.

不在。 / Bú zài — 뿌 짜이

됩니다.

| **行。**
Xíng | 씽 |

안됩니다.

| **不行。**
Bù xíng | 뿌 씽 |

괜찮습니다.

| **可以。**
Kěyǐ | 커이 |

안됩니다.

| **不可以。**
Bù kěyǐ | 뿌 커이 |

물론입니다.

| **当然可以。**
Dāngrán kěyǐ | 땅란 커이 |

좋습니다.

| **好。**
Hǎo | 하오 |

알겠습니다.

| **知道了。**
Zhīdao le | 즈따오 러 |

모릅니다.

| **不知道。**
Bù zhīdao | 뿌 즈따오 |

정확하지 않습니다.

不太清楚。
Bú tài qīngchu

뿌 타이 칭츄

좋습니다. 됐습니다.

好了。
Hǎo le

하오 러

문제 없습니다.

没问题。
Méi wèntí

메이 원티

맞습니다.

没错。
Méi cuò

메이 추어

잘 알겠습니다.

明白了。
Míngbai le

밍바이 러

옳습니다. 그렇습니다.

不错。
Bú cuò

뿌 추어

못합니다.

不会。
Bú huì

뿌 훼이

필요 없습니다.

不要。
Bú yào

뿌 야오

중국인에게 합장하듯이 고개를 조금 숙이면서 '谢谢
(시에 시에)'하면 좋은 인상을 남길 것이다. 중국인들은
자기의 잘못을 좀처럼 인정하려고 하지 않는데 상대방
에게 폐를 끼치거나 잘못을 했을 경우 적절한 사과의
표현을 해주는 것이 좋다.

고맙습니다.

谢谢。
Xièxie

시에시에

정말 감사합니다.

非常感谢你。
Fēicháng gǎnxiè nǐ

페이챵 깐시에 니

도와주셔서 감사합니다.

谢谢你的帮助。
Xièxie nǐ de bāngzhù

시에시에 니 더 빵주

천만에요. 별말씀을 다하십니다.

不客气。
Bú kèqi

뿌 커치

괜찮습니다.

不(用)谢。
Bú yòng xiè

뿌(용) 시에

별거 아닙니다.

没什么。 / 没事。
Méi shénme　Méi shì

메이 션머 / 메이 스

수고하셨습니다.

辛苦了。
Xīnkǔ le

씬쿠 러

뭐라 감사를 드려야 할지 모르겠습니다.

不知道怎么感谢你。
Bù zhīdao zěnme gǎnxiè nǐ

뿌 즈따오 쩐머 깐시에 니

미안합니다.

对不起。
Duìbuqǐ

뛰이부치

죄송합니다.

很抱歉。
Hěn bàoqiàn

헌 빠오치앤

실례했습니다.

麻烦你了。
Máfan nǐ le

마판 니 러

번거롭게 해드렸습니다.

给你添麻烦了。
Gěi nǐ tiān máfan le

게이 니 티앤 마판 러

부끄럽습니다.

不好意思。
Bùhǎoyìsi

뿌하오이쓰

용서해 주십시오.

请原谅。
Qǐngyuánliàng

칭 위앤량

괜찮습니다.

没关系。没事儿。
Méi guānxi　Méi shìr

메이 꽌시 / 메이 셜

천만에요.

哪儿啊。／哪里哪里。
Nǎr a　　Nǎli nǎli

날 아 / 나리 나리

중국인에게 길을 물으면 불친절하게도 자세히 알려주는 경우가 흔치 않다. 외국인이 낯설어서 그러는 경우도 있겠지만 개인적인 친분이 있기까지는 거리감을 주며 무관심하다. 하지만 어떤 일이 발생했을때는 삥 둘러서서 구경하길 좋아한다.

잘 부탁드립니다.

请多关照。
Qǐng duō guānzhào

칭 뚜어 꽌쟈오

실례하겠습니다.

请问。
Qǐngwèn

칭 원

말씀 좀 묻겠습니다.

我打听一下。
Wǒ dǎtīng yíxià

워 따팅 이시아

실례 좀 하겠습니다.

请打扰你一下。
Qǐng dǎrǎo nǐ yíxià

칭 따라오 니 이시아

한 가지 부탁이 있습니다.

我想托你一件事。
Wǒ xiǎng tuō nǐ yí jiàn shì

워 시양 투어 니 이지앤 스

좀 도와 주십시오.

请你帮个忙。
Qǐng nǐ bāng ge máng

칭 니 빵 거 망

좀 천천히 말씀해 주십시오.

请你慢一点儿说。
Qǐng nǐ màn yìdiǎnr shuō

칭 니 만 이디얼 슈어

다시 한 번 말씀해 주십시오.

请你再说一遍。
Qǐng nǐ zài shuō yí biàn

칭 니 짜이 슈어 이비앤

제게 말씀 좀 해 주십시오.

请告诉我。
Qǐng gàosu wǒ

칭 까오쑤 워

저에게 보여 주십시오.

请给我看看。
Qǐng gěi wǒ kànkan

칭 게이 워 칸칸

그에게 전해 주십시오.

请交给他。
Qǐng jiāogěi tā

칭 찌야오게이 타

제게 빌려 주십시오.

请借给我用一下。
Qǐng jiè gěi wǒ yòng yíxià

칭 찌에 게이 워 용 이시아

잊지 마십시오.

别忘了。
Bié wàng le

비에 왕 러

화내지 마십시오.

别生气。
Bié shēngqì

비에 셩치

다른 사람에게 말하지 마십시오.

不要跟别人说。
Bú yào gēn biérén shuō

뿌 야오 껀 비에런 슈어

여기서 담배를 피지 마십시오.

请在这儿别抽烟。
Qǐng zài zhèr bié chōuyān

칭 짜이 쩌얼 비에 쵸우이앤

36

중국어에는 생일이나 기타 경축일 등에 쓰이는 축하 인사말로 서두를 '祝(쭈)'로 시작하는 경우가 많은데 이 말은 바램이나 희망을 나타낼 때에도 많이 쓰인다. 상황에 맞게 적절히 사용해 주는 것이 좋다.

축하합니다.

祝贺你!
Zhùhè nǐ
쭈 허 니

축하합니다.

恭喜恭喜!
Gōngxǐ gōngxǐ
꽁시 꽁시

생일 축하합니다.

祝你生日快乐!
Zhù nǐ shēngrì kuàilè
쭈 니 셩르 콰이러

대학에 합격하신 것을 축하합니다.

祝贺你考上大学!
Zhùhè nǐ kǎoshàng dàxué
쭈 허 니 카오샹 따쉬에

결혼을 축하합니다.

祝新婚愉快!
Zhù xīnhūn yúkuài
쭈 신훈 위콰이

입학을 축하합니다.

祝贺入学!
Zhùhè rùxué
쭈허 루쉬에

졸업을 축하합니다.

祝贺你毕业!
Zhù hè nǐ bìyè
쭈허니 비이예

성공을 축하합니다.

祝贺你成功!
Zhù hè nǐ chénggōng
쭈허니 청꽁

경사스러운 날 축하드립니다.

祝你节日好!
Zhù nǐ jiérì hǎo

쭈 니 지에르 하오

행복하십시오.

祝你幸福!
Zhù nǐ xìngfú

쭈 니 씽푸

건강하세요!

祝你健康。
Zhù nǐ jiànkāng

쭈 니 지앤캉

성공을 빕니다!

祝你成功。
Zhù nǐ chénggōng

쭈 니 청꽁

오래오래 사시길 빕니다.

祝你长寿!
Zhù nǐ chángshòu

쭈 니 챵쇼우

모든 일이 뜻대로 되시길.

万事如意。
Wànshì rúyì

완 스 루이

모든 일이 잘 되시기를 바랍니다.

祝你一切顺利!
Zhù nǐ yíqiè shùnlì

쭈 니 이치에 슌리

사업이 잘 되시길 바랍니다.

祝你工作顺利!
Zhù nǐ gōngzuò shùnlì

쭈 니 꽁쭈어 슌리

새해 복 많이 받으십시오!

新年好! / 新年快乐!
Xīnnián hǎo　Xīnnián kuàilè
신니앤 하오 / 신니앤 콰이러

내내 무사하시길 바랍니다.

一路平安!
Yílù píng'ān
이루 핑안

내내 순조롭기를 바랍니다.

一路顺风!
Yílù shùnfēng
이루 슌펑

즐거운 여행 되시길 바랍니다.

祝你旅途快乐!
Zhù nǐ lǚtú kuàilè
쭈 니 뤼투 콰이러

즐거운 시간 되시길 바랍니다.

祝你愉快!
Zhù nǐ yúkuài
쭈 니 위콰이

우리의 우정을 위하여 건배합시다.

为我们的友谊干杯!
Wèi wǒmen de yǒuyì gān bēi
웨이 워먼 더 요우이 깐 뻬이

근하신년!

谨贺新年!
Jǐn hè xīnnián
진 허 신니앤

즐거운 설날 보내십시오!

祝春节愉快!
Zhùchūn jié yúkuài
쭈 춘지에 위콰이

공중 전화는 관리인을 두고 요금을 나중에 지불하는 '公用电话(꿍융 띠앤 화)'가 아직까지 주류를 이루고 있다. 관광객은 호텔에 있는 전화기를 이용하는 것이 좋으며 교환을 통하거나 외국인 전용 호텔에서는 직통으로 국제 전화를 걸 수 있다.

여보세요.

喂!
Wèi
웨이

이 선생님 계십니까?

李先生在吗?
Lǐ xiānsheng zài ma
리 시앤셩 짜이 마

계십니다. / 안 계십니다.

在。/ 不在。
Zài　　Bú zài
짜이 / 뿌 짜이

누구십니까?

你是哪位?
Nǐ shì nǎ wèi
니 스 나 웨이

누구를 찾으십니까?

你找谁?
Nǐ zhǎoshuí
니 쟈오 쉐이

장 선생님을 찾습니다.

请找张先生。
Qǐngzhǎozhāngxiānsheng
칭 쟈오 쟝 시앤셩

423번으로 연결해 주십시오.

请转 423。
Qǐngzhuǎn sì'èrsān
칭 좐 쓰얼싼

여기는 북경호텔입니다.

这是北京饭店。
Zhè shì Běijǐng fàndiàn
쩌 스 베이징 판디앤 뎬

그는 언제 돌아옵니까?

他什么时候回来呢？
Tā shénme shíhou huílái ne

타 션머 스호우 훼이 라이 너

제가 전화했었다고 전해주십시오.

请转告他一下我打来了电话。
Qǐng zhuǎng gào tā yíxià wǒ dǎ lái le diànhuà

칭 좐까오 타 이시아 워 따 라이 러 띠앤화

제가 잠시 후에 다시 걸겠습니다.

我一会儿再打。
Wǒ yíhuìr zài dǎ

워 이휠 짜이 따

제게 전화해 달라고 해 주십시오.

让他给我回个电话。
Ràng tā gěi wǒ huí ge diànhuà

랑 타 게이 워 훼이 거 띠앤화

전화번호가 몇 번입니까?

你的电话号码是多少？
Nǐ de diànhuà hàomǎ shì duōshao

니 더 띠앤화 하오마 스 뚜어샤오

제 전화번호는 345-1087번입니다.

我的电话号码是345-1087。
Wǒ de diànhuà hàomǎ shì sān sì wǔ yāo líng bā qī

워 더 띠앤화 하오마 스 싼쓰우 야오링빠치

뭐라고 말씀하셨습니까?

你说什么？
Nǐ shuō shénme

니 슈어 션머

연결되었습니다. 말씀하십시오.

接通了。请讲话。
Jiētōng le Qǐng jiǎng huà

지에통 러 칭 지양 화

다시 한 번 말씀해 주십시오.

请你再说一遍。
Qǐng nǐ zài shuō yí biàn

칭 니 짜이 슈어 이비앤

죄송합니다, 잘 안 들립니다.

对不起，听不清楚。
Duìbuqǐ tīng bu qīngchu

뛔이부치 팅 뿌 칭츄

조금 크게 말씀해 주십시오.

请你大声一点儿。
Qǐng nǐ dà shēng yìdiǎnr

칭 니 따 셩 이디얼

천천히 말씀해 주십시오.

请你慢慢说。
Qǐng nǐ mànmànshuō

칭 니 만 만 슈어

잠시 후에 그에게 전하겠습니다.

一会儿我会告诉他。
Yíhuìr wǒ huì gàosu tā

이훨 워 훼이 까오쑤 타

잘못 걸었습니다.

你打错了。
Nǐ dǎ cuò le

니 따 추어 러

잠시만 기다려 주십시오.

请稍等一下。
Qǐngshāoděng yíxià

칭 샤오 덩 이시아

전화를 끊지 마십시오.

别把电话挂断。
Bié bǎ diànhuà guàduàn

비에 바 띠앤화 꽈 뚜안

통화중입니다.

占线。
Zhānxiàn
쟌 시앤

아무도 받지 않습니다.

没人接。
Méi rén jiē
메이 런 지에

잠시 후에 다시 걸어 주십시오.

一会儿再打吧。
Yíhuìr zài dǎ ba
이훨 짜이 따 바

345-1087로 직접 거십시오.

请你直接打345-1087。
Qǐng nǐ zhíjiē dǎ sān sì wǔ yāolíng bā qī
칭 니 즈지에 따 싼쓰우 야오링빠치

한국으로 국제전화를 걸려고 합니다.

我要往韩国打国际电话。
Wǒ yào wǎng Hánguó dǎ guójì diànhuà
워 야오 왕 한구어 따 구어지 띠앤화

한국말 할 줄 아는 사람을 부탁합니다.

请给我找会说韩国话的人。
Qǐng gěi wǒ zhǎo huì shuō Hánguóhuà de rén
칭 게이 워 쟈오 훼이 한구어화 더 런

콜렉트 콜로 서울에 전화하겠습니다.

我要用对方付钱往汉城打电话。
Wǒ yào yòng duìfāng fùqián wǎng hànchéng dǎ diànhuà
워 야오 용 뛔이팡 푸치앤 왕 한청 따 띠앤화

상대방의 전화번호와 거시는 분 성함을 말씀해 주십시오.

请告诉我对方的电话号码和你的名字。
Qǐng gàosu wǒ duìfāng de diànhuà hàomǎ hé nǐ de míngzi
칭 까오쑤 워 뛔이팡 더 띠앤화 허 니 더 밍즈

국영상점에서 물건을 살 때는 서비스가 좋지 않은 경험을 많이 할 수 있으며, 또한 개인상점이 많이 생겨나고 있어 어느 정도 서비스는 좋아지고 있으나 중국의 가격은 아직 정찰제가 정착되지 않았으므로 충분히 흥정할 수 있다.

얼마입니까?

多少钱？
Duōshaoqián

뚜어샤오 치앤

모두 얼마입니까?

一共多少钱？
Yígòng duōshaoqián

이꿍 뚜어샤오 치앤

4.05원입니다.

四块零五。
Sì kuài líng wǔ

쓰 콰이 링 우

모두 10원 7전입니다.

一共十块七毛。
Yígòng shí kuài gī máo

이꿍 스 콰이 치 마오

매우 비쌉니다.

很贵。
Hěn guì

헌 꿰이

아주 쌉니다.

很便宜。
Hěn piányi

헌 피앤이

조금 싸게 해 주십시오.

再便宜一点吧。
Zài piányi yìdiǎn ba

짜이 피앤이 이디얼 바

할인을 해 주십시오.

请折价吧。
Qǐng zhé jià ba

칭 져지아 바

여기 300원 드리겠습니다.

给你三百块。
Gěi nǐ sān bǎi kuài

게이 니 싼바이 콰이

30원 거슬러 드리겠습니다.

找你三十块。
Zhǎo nǐ sān shí kuài

쟈오 니 싼스 콰이

거스름돈을 주십시오.

找我零钱。
Zhǎo wǒ língqián

쟈오 워 링치앤

잘못 거슬러 주셨습니다.

找错钱了。
Zhǎo cuò qián le

쟈오 추어 치앤 러

거스름돈이 부족합니다.

零钱不够。
Língqián bú gòu

링치앤 뿌 꼬우

영수증을 주십시오.

给我发票。
Gěi wǒ fāpiào

게이 워 파퍄오

서비스료 포함입니까?

包括了服务费吗?
Bāokuò le fúwùfèi ma

빠오쿠어 러 푸우페이 마

팁이 포함됐습니까?

加算小费了吗?
Jiā suànxiǎo fèi le ma

지아 쑤안 시야오페이 마

상황에 따라 다양한 표현들이 있다. 기쁠 때는 '高兴(까오씽)' 아쉬움을 나타낼 때는 '可惜(커시)'라고 말한다면 어느 상황에서라도 적절히 사용할 수 있다. 여기서는 기쁨, 상심, 실망, 아쉬움, 노여움, 사랑 등에 대해 살펴보도록 하자.

매우 기쁩니다.

我很高兴。
Wǒ hěn gāoxìng
워 헌 까오씽

오늘 정말 즐거웠습니다.

今天玩儿得真愉快。
Jīntiān wánr de zhēn yúkuài
진티앤 왈 더 쩐 위콰이

마음이 상합니다.

真伤心。
Zhēnshāngxīn
쩐 샹신

너무 괴롭습니다.

心里很难过。
Xīnli hěn nánguò
신리 헌 난꾸어

마음이 견딜 수 없습니다.

心里非常难受。
Xīnli fēichángnánshòu
신리 페이챵 난쑈우

기운이 없습니다.

没劲儿。
Méi jìnr
메이 질

정말 가엾습니다.

真可怜。
Zhēn kělián
쩐 커리앤

너무 아쉽습니다.

太可惜了。
Tài kěxī le
타이 커시 러

정말 유감스럽습니다.

真遗憾。
Zhēn yíhàn

쩐 이한

마음이 아픕니다.

真心疼。
Zhēn xīn téng

쩐 씬 텅

혐오합니다.

讨厌。
Tǎoyàn

타오이앤

정말 가소롭군요.

真可笑。
Zhēn kěxiào

쩐 커시야오

정말 화나게 하는군요.

真让人生气。
Zhēnràng rén shēngqì

쩐 랑 런 셩치

무슨 말씀하시는 겁니까?

你说什么？
Nǐ shuō shénme

니 슈어 션머

불공평합니다.

不公平。
Bù gōngpíng

뿌 꽁핑

너무 지나칩니다.

太过份了。
Tài guòfèn le

타이 꾸어펀 러

이게 무슨 뜻입니까?

这是什么意思？
Zhè shì shénme yìsi

쩌 스 션머 이쓰

저를 무시하는 겁니까?

你看不起我吗？
Nǐ kànbuqǐ wǒ ma

니 칸부치 워 마

얕보지 마십시오.

别小看我。
Bié xiǎokàn wǒ

비에 시야오칸 워

정말 이상합니다.

真奇怪。
Zhēn qíguài

쩐 치꽈이

믿을 수가 없습니다.

不敢相信。
Bù gǎnxiāngxìn

뿌 깐 시양신

당신이 부럽습니다.

我羡慕你。
Wǒ xiànmù nǐ

워 시앤무 니

당신을 사랑합니다.

我爱你。
Wǒ ài nǐ

워 아이 니

너무 귀엽습니다.

非常可爱。
Fēicháng kě'ài

페이챵 커아이

본문

뉴밀레니엄 중국어회화

뉴밀레니엄을 맞이하여
여러분의 외국어 학습에는
동인랑이 성실한 동반자가 되어줄 것입니다.

쇼 핑　购物
gòuwù

눈에 띄는 기본표현

A : 무엇을 원하십니까?

您要什么?　　　　닌 야오 션머
Nín yào shénme

B : 그냥 보는 겁니다.1)

我只是看看。　　　워 즈 스 칸칸
Wǒ zhǐshì kànkan

☆ ☆ ☆ ☆ ☆

A : 특산품2)은 어디에 있습니까?

特产品在哪儿?　　트어챤핀 짜이 나알
Tèchǎnpǐn zài nǎr

B : 저쪽에 있습니다.

在那儿。　　　　　짜이 나알
Zài nàr

활용

1)― ① 이것 좀 보여 주세요. 请给我看看这个。
Qǐng gěi wǒ kànkan zhè ge

② 친구에게 줄 선물을 사고 싶은데요. 我想买送给朋友的礼物。
Wǒ xiǎng mǎi sòng gěi péngyou de lǐwù

2)― ① 공예품 工艺品　② 화장품 化妆品
gōngyìpǐn　　　　huàzhuāngpǐn

购物

1

니 마이 션머
你买什么？
Nǐ mǎi shénme
무엇을 사시겠습니까?

2

르챵용핀 짜이 나알
日常用品在哪儿？
Rìchángyòngpǐn zài nǎr
일상용품은 어디에 있습니까?

3

피시에 짜이 지 로우
皮鞋在几楼？
Píxié zài jǐ lóu
구두 매장은 몇층에 있습니까?

4

산로우 요우 션머
三楼有什么？
Sān lóu yǒu shénme
3층에는 무엇이 있습니까?

5

요우 뉘스 푸쥬앙
有女士服装。
Yǒu nǚshì fúzhuāng
여성복이 있습니다.

6

쩌 푸진 요 메이요우 바이후어 꽁쓰
这附近有没有百货公司？
Zhè fùjìn yǒu méiyǒu bǎihuò gōngsī
이 근처에 백화점이 있습니까?

7

워 시앙 칸칸 지에즈
我想看看戒指。
Wǒ xiǎng kànkan jièzhi
반지를 보고 싶습니다.

8

띠앤티(셩지앙티) 짜이 나알
电梯(升降梯)在哪儿？
Diàntī Shēngjiàngtī zài nǎr
엘리베이터(에스컬레이터)는 어디에 있습니까？

9

쩌 샹띠앤 리 요우 띠앤즈 챤핀 마
这商店里有电子产品吗？
Zhè shāngdiàn li yǒu diànzǐ chǎnpǐn ma
이 상점에 전자 제품이 있습니까?

◎ 상점의 종류

- 백화점 ·················· 百货公司 bǎihuò gōngsī 〔바이후어 꽁쓰〕
- 우의상점 ·················· 友谊商店 Yǒuyì Shāngdiàn 〔요우이 샹띠앤〕
- 국영상점 ·················· 国营商店 Guóyíng Shāngdiàn 〔꾸어잉 샹띠앤〕
- 면세점 ·················· 免税商店 miǎnshuì shāngdiàn 〔미앤쉐이 샹띠앤〕
- 양복점 ·················· 西服店 xīfúdiàn 〔시 푸 띠앤〕
- 문구점 ·················· 文具店 wénjùdiàn 〔원 쥐 띠앤〕
- 완구점 ·················· 玩具店 wánjùdiàn 〔완 쥐 띠앤〕
- 서점 ·················· 书店 shūdiàn 〔슈 띠앤〕
- 식료품점 ·················· 食品商店 shípǐn shāngdiàn 〔스핀 샹띠앤〕
- 슈퍼마켓 ·················· 超级市场 chāojíshìchǎng 〔챠오지스챵〕

- 도매 ·················· 批发 pīfā 〔피파〕
- 소매 ·················· 零售 língshòu 〔링 쇼우〕
- 토산품 ·················· 土产品 tǔchǎnpǐn 〔투 챤 핀〕
- 공예품 ·················· 工艺品 gōngyìpǐn 〔꽁 이 핀〕
- 옥 ·················· 玉 yù 〔위〕
- 도자기 ·················· 陶瓷 táocí 〔타오 츠〕
- 도장 ·················· 图章 túzhāng 〔투 쟝〕
- 반지 ·················· 戒指 jièzhi 〔지에 즈〕
- 목걸이 ·················· 项链 xiàngliàn 〔시앙 리앤〕

ℹ️ 중국은 땅이 넓고 사람이 많은 만큼 물건의 종류도 많다.특히 기념품으로 술, 옥, 공예품등의 토산품이 인기가 있다. 중국의 상점은 외국인 전용이 따로 있으며 백화점, 우의상점, 국영상점, 자유시장, 노점 등이 있고 공예품을 구입하려면 북경의 유리장(琉璃场-리우리챵)이나 왕부정(王府井-왕푸징)이 비교적 유명하다.

A : 欢迎!您要什么？
Huānyíng Nín yào shénme
환잉 닌 야오 션머

B : 在几楼卖工艺品？
Zài jǐ lóu mài gōngyìpǐn
짜이 지 로우 마이 꿍이핀

A : 在一楼卖工艺品。
Zài yì lóu mài gōngyìpǐn
짜이 이 로우 마이 꿍이핀

B : 那里有陶瓷吗？
Nàli yǒu táocí ma
나리 요우 타오츠 마

A : 有。
Yǒu
요우

B : 谢谢。
Xièxie
시에시에

A : 어서 오십시오 무엇을 찾고 있습니까?

B : 공예품은 몇층에서 팝니까?

A : 1층입니다.

B : 그 곳에는 도자기가 있습니까?

A : 네, 있습니다.

B : 감사합니다.

쇼 핑 购物
gòuwù

눈에 띄는 기본표현

A : 이 옷은 어떻습니까?

这件衣服怎么样?　　쩌 지앤 이푸 전머양
Zhèjiàn yīfu zěnmeyàng

B : 딱 맞습니다.1)

正合适。　　쩡 허스
Zhèng héshì

☆ ☆ ☆ ☆ ☆

A : 다른 모양2)은 없습니까?

有没有别的样子?　　요 메이요우 비에더 양즈
Yǒuméiyǒu bié de yàngzi

B : 있습니다.

有。　　요우
Yǒu

활용

1)— ① 조금 작습니다. 有点儿小。
Yǒu diǎnr xiǎo

② 색깔이 좋지 않습니다. 颜色不好。
Yánsè bù hǎo

2)— ① 다른 색깔 别的颜色　　② 더 큰(작은)것 更大(小)的
bié de yánsè　　*gèng dà xiǎo de*

1

칭 바 마오즈 게이워 칸칸
请把帽子给我看看。
Qǐng bǎ màozi gěi wǒ kànkan
모자 좀 보여 주십시오.

2

요우 쇼우비야오 마
有手表吗？
Yǒu shǒubiǎo ma
손목 시계 있습니까?

3

칭 게이워 칸칸 나거
请给我看看那个。
Qǐng gěi wǒ kànkan nà ge
저것 좀 보여주십시오.

4

요우 션머 이앤써 더
有什么颜色的？
Yǒu shénme yánsè de
어떤 색깔이 있습니까?

5

나츄라이 게이워 칸칸 하오 마
拿出来给我看看好吗？
Ná chulai gěi wǒ kànkan hǎo ma
꺼내서 보여 주시겠습니까？

6

워 커이 스츄안 마
我可以试穿吗？
Wǒ kěyǐ shìchuān ma
입어봐도 됩니까？

7

니 츄안 뚜어따 하오 더
你穿多大号的？
Nǐ chuān duōdà hào de
몇 사이즈를 입으십니까？

8

워 뿌 즈따오 가이 츄안 뚜어따 하오 더
我不知道该穿多大号的。
Wǒ bù zhīdao gāi chuān duōdà hào de
몇 사이즈를 입어야 할지 모르겠습니다.

9

칭 게이워 량 츠췬
请给我量尺寸。
Qǐng gěi wǒ liáng chǐcùn
사이즈를 재 주세요.

10

니 쩌 지앤
你试穿这件。
Nǐ shìchuān zhè jiàn
이걸 입어보십시오.

11

껑이스 짜이 나얼
更衣室在哪儿？
Gēngyīshì zài nǎr
탈의실이 어디입니까?

12

타이 창 / 타이 뚜안
太长。 / 太短。
Tài cháng　　Tài duǎn
너무 길어요. / 너무 짧아요.

13

타이 따 / 따이 샤오
太大。 / 太小。
Tài dà　　Tài xiǎo
너무 커요. / 너무 작아요.

14

쩌 지앤 부 따 예 뿌 샤오
这个不大也不小。
Zhè ge bú dà yě bù xiǎo
이것은 크지도 작지도 않아요.

15

요멀 쇼우(진)
有点儿瘦(紧)。
Yǒu diǎnr shòu jǐn
조금 껴요.

16

요멀 페이(쏭)
有点儿肥(松)。
Yǒu diǎnr féi sōng
조금 헐렁해요.

17

페이창 하오칸
非常好看。
Fēicháng hǎokàn
아주 예쁩니다.

18

요 메이요우 비에더
有没有别的？
Yǒu méiyǒu biéde
다른 것은 없습니까?

19
쩌 종 양즈 전머양
这种样子怎么样？
Zhè zhǒng yàngzi zěnmeyàng
이 디자인은 어떻습니까?

20
스 쩐더 마
是真的吗？
Shì zhēn de ma
진품입니까?

21
쩌 스 용 션머 쯔어더
这是用什么做的？
Zhè shì yòng shénme zuò de
이것은 무엇으로 만들었습니까?

22
쩌 스 용 위 쯔어더
这是用玉做的。
Zhè shì yòng yù zuò de
이것은 옥으로 만든 겁니다.

23
쩌거 타이 지우러
这个太旧了。
Zhè ge tài jiù le
이건 너무 오래되었습니다.

24
요 메이요우 신더
有没有新的？
Yǒu méiyǒu xīn de
새 것은 없습니까?

25
쩌 스 나거 꾸어지아 더
这是哪个国家的？
Zhè shì nǎ ge guójiā de
어느 나라 것입니까?

26
워 야오 짜이 시양 이 시양
我要再想一想。
Wǒ yào zài xiǎng yi xiǎng
다시 생각해 보겠습니다.

27
칭 게이 워 쩌거
请给我这个。
Qǐng gěi wǒ zhè ge
이것으로 주십시오.

- 옷 .... 衣服 yīfu 〔이 푸〕
- 원피스 .... 连衣裙 liányīqún 〔리앤 이 췬〕
- 넥타이 .... 领带 lǐngdài 〔링 따이〕
- 스카프 .... 围巾 wéijīn 〔웨이 찐〕
- 장갑 .... 手套 shǒutào 〔쇼우 타오〕
- 혁대 .... 皮带 pídài 〔피 따이〕
- 손수건 .... 手帕 shǒupà 〔쇼우 파〕
- 양말 .... 袜子 wàzi 〔와 즈〕
- 스타킹 .... 长袜 chángwà 〔챵 와〕
- 구두 .... 皮鞋 píxié 〔피 시에〕

◎ **여러 가지 색** ....

- 흰색 .... 白色 báisè 〔바이 써〕
- 검정색 .... 黑色 hēisè 〔헤이 써〕
- 빨강색 .... 红色 hóngsè 〔홍 써〕
- 노랑색 .... 黄色 huángsè 〔황 써〕
- 파랑색 .... 蓝色 lánsè 〔란 써〕
- 녹색 .... 绿色 lùsè 〔뤼 써〕
- 갈색 .... 棕色 zōngsè 〔종 써〕
- 회색 .... 灰色 huīsè 〔훼이 써〕
- 국산품 .... 国产品 guóchǎnpǐn 〔꾸어 찬 핀〕
- 수입품 .... 进口商品 jìnkǒu shāngpǐn 〔진코우 샹핀〕

ℹ️ 　중국의 쇼핑점은 상점크기에 비해 아직은 우리처럼 물건이 풍부하지 않고 서비스나 질적인 면에서 많이 떨어지는 편이다. 대부분의 중국상품은 가격이 천차만별로 같은 상품이 장소에 따라, 사는 사람에 따라 틀리게 책정되었고 특히 관광지의 기념품점에서는 외국인을 상대로 할 때 50%정도를 깎아도 싸게 사는 것이 아니니 가격 흥정이 필요하다.

A : 我看看那件裤子。可以试试吗？
Wǒ kànkan nà jiàn kùzi Kěyǐ shìshi ma
워 칸칸 나 지앤 쿠즈.커이 스스 마

B : 可以。您试一下吧。
Kěyǐ Nín shì yíxià ba
커이 닌 스 이샤 바

A : 这件太短了。有没有长点儿的？
Zhè jiàn tài duǎn le Yǒu méiyǒu cháng diǎnr de
쩌 지앤 타이 뚜안 러.요 메이요우 창 디열 더

B : 您试试那件。
Nín shìshi nà jiàn
닌 스스 나 지앤

A : 这件不长也不短。
Zhè jiàn bù cháng yě bù duǎn
쩌 지앤 뿌 창 예 뿌 뚜안

好极了，我就买这件。
Hǎo jí le   wǒ jiù mǎi zhè jiàn
하오 지 러,워 지우 마이 쩌 지앤

A : 제가 저 바지 좀 보려고 하는데 입어볼 수 있을까요?
B : 네, 한 번 입어보세요.
A : 이 바지는 너무 짧은 데, 조금 긴 것 있어요?
B : 저걸 입어보세요.
A : 이건 길지도 않고 짧지도 않군요.
　　　아주 좋아요, 이걸로 사지요.

쇼 핑

购物
gòuwù

눈에 띄는 기본표현

A : 얼마입니까?

多少钱？
Duōshaoqián

뚜어샤오 치앤

B : 모두 <u>130원(130.00元)</u>1)입니다.

一共一百三十块。
Yí gòng yì bǎi sān shíkuài

이꽁 이바이 산스 콰이

☆ ☆ ☆ ☆ ☆

A : <u>좀 깎아 주실 수 있습니까?2)</u>

能不能便宜一点？
Néng bu néng piányi yìdiǎn

넝 뿌넝 피앤이 이디앤

B : 안됩니다.

不行。
Bù xíng

뿌싱

활용

1)— ① 3.05元 三元零五分(三块零五)   ② 10.50元 十元五角(十块五)
       sān yuán líng wǔ fēn sān kuài líng wǔ   shí yuán wǔ jiǎo shí kuài wǔ

2)— ① 조금 깎아 주시겠습니까? 可以便宜一点吗？
                          Kěyǐ piányi yìdiǎn ma

   ② 조금 할인해 줄 수 있습니까? 能不能打点儿折扣？
                          Néng bu néng dǎ diǎnr zhé kòu

购
物

1
쩌 타이 꾸이 러
这太贵了。
Zhè tài guì le
너무 비쌉니다.

2
요 메이요우 피앤이 더
有没有便宜的？
Yǒu méiyǒu piányi de
싼 것 있습니까？

3
쩌 지앤 요우 피앤이 요우 하오
这件又便宜又好。
Zhè jiàn yòu piányi yòu hǎo
이것은 싸면서도 좋습니다.

4
넝 뿌넝 짜이 피앤이 이디얼
能不能再便宜一点儿？
Néng bu néng zài piányi yìdiǎnr
조금 더 깎아주실 수 있습니까?

5
쩌얼 뿌넝 피앤이
这儿不能便宜。
Zhèr bù néng piányi
여기서는 깎아드릴 수가 없습니다.

6
부쑤안꾸이 똥시 하오 와
不算贵，东西好哇。
Bú suàn guì dōngxi hǎo wa
물건이 좋으니까 비싼 것이 아닙니다.

7
하오더 찌우스 꾸이
好的就是贵。
Hǎo de jiùshì guì
좋은 것은 비쌉니다.

8
우지아 쟝 러
物价涨了。
Wùjià zhǎng le
물가가 올랐습니다.

9
뻬이징 더 우지아 헌 까오
北京的物价很高。
Běijīng de wùjià hěn gāo
북경의 물가는 높습니다.

- 홍정 .... 讨价还价 tǎo jià huán jià 〔타오 지아 환 지아〕
- 가격 .... 价格 jiàgé 〔지아 꺼〕
- 가격표 .... 价目单 jiàmùdān 〔찌아 무 딴〕
- 물가 .... 物价 wùjià 〔우 지아〕
- 단가 .... 单价 dānjià 〔딴지아〕
- 할인 .... 折扣 zhékòu 〔쩌 코우〕
- 할인가격 .... 折价 zhéjià 〔쩌 지아〕
- 할인표 .... 折扣单 zhékòudān 〔쩌 코우 딴〕
- 판매원 .... 售货员 shòuhuòyuán 〔쇼우 후어 위앤〕
- 종업원 .... 服务员 fúwùyuán 〔푸 우 위앤〕
- 견본 .... 样品 yàngpǐn 〔양 핀〕
- 고급품 .... 高级商品 gāojí shāngpǐn 〔까오지 샹핀〕
- 유명상품 .... 名牌商品 míngpái shāngpǐn 〔밍파이 샹핀〕
- 면 .... 棉 mián 〔미앤〕
- 비단 .... 丝绸 sīchóu 〔쓰 쵸우〕
- 모직 .... 毛织 máozhī 〔마오 쯔〕
- 가죽 .... 皮革 pígé 〔피 거〕

중국의 가격은 싼 편이며 수공예품은 우리보다 훨씬 저렴하고 백화점이나 전문점에서 손쉽게 구할 수 있으나 품질을 생각하고 구입하며 할인이 되므로 가격을 잘 홍정해야 한다.그러나 백화점이나 외국인들이 많이 드나드는 상점은 대부분이 정찰제여서 값을 홍정하는 일은 많지 않고 다른 상점에서도 예전처럼 흔쾌히 가격을 깎아주지는 않는다.

A : 给我那个，多少钱？
Gěi wǒ nà ge　　duōshao qián
게이 워 나거 뚜어샤오 치앤

B : 八十块。
Bā shí kuài
빠스 콰이

A : 很贵。能不能便宜一点儿？
Hěn guì　　Néng bu néng piányi　　yìdiǎnr
헌 꿰이 넝 뿌넝 피앤이 이디얼

B : 不行。已经很便宜了。
Bù xíng　　Yǐjīng hěn piányi le
뿌씽 이징 헌 피앤이 러

A : 我多买几个，能便宜吗？
Wǒ duō mǎi jǐ ge　　néng piányi ma
워 뚜어 마이 지거 넝 피앤이 마

B : 真没办法。七十五块，怎么样？
Zhēn méi bànfǎ　　Qī shí wǔ kuài　　zěnmeyàng
쩐 메이 빠파 치스우 콰이 쩐머양

A : 저것으로 주십시오. 얼마입니까?

B : 80원입니다.

A : 너무 비쌉니다. 조금 싸게 해주실 수 있습니까?

B : 안됩니다. 이미 아주 싼 겁니다.

A : 제가 몇 개 더 사려고 하는데 싸게 해주세요.

B : 할 수 없군요. 75원입니다. 어떠세요?

쇼 핑

购物
gòuwù

눈에 띄는 기본표현

A : 5원 거슬러 드리겠습니다.

找你五块。
Zhǎo nǐ wǔkuài

쟈오 니 우콰이

B : <u>거스름돈이 틀립니다.</u>1)

零钱不对。
Língqián bú duì

링치앤 부뛔이

☆ ☆ ☆ ☆ ☆

A : 여기 있습니다.

给你这个。
Gěi nǐ zhè ge

게이 니 쩌거

B : <u>포장해 주시겠습니까?</u>2)

可以给我包装吗？
Kěyǐ gěi wǒbāozhuāngma

커이 게이 워 빠오쭈앙 마

활용

1)— ① 거스름돈이 부족합니다. 零钱不够。
Língqián bú gòu

② 계산이 틀리지 않습니까? 是不是算错了？
Shì bu shì suàncuò le

2)— ① 상자에 담아 주세요. 请放在盒子里面。
Qǐngfàng zài hézi lǐmiàn

购
物

1. 짜이 나알 찌야오콴
在哪儿交款？
Zài nǎr jiāo kuǎn
계산은 어디에서 합니까?

2. 취 나비앤 찌아오치앤
去那边交钱。
Qù nà biān jiāo qián
저쪽에서 계산하십시오.

3. 니 쑤안추어 러
你算错了。
Nǐ suàn cuò le
계산을 잘못 하셨습니다.

4. 니 쟈오 더 치앤 부뒈이
你找的钱不对。
Nǐ zhǎo de qián bú duì
거스름돈이 틀립니다.

5. 칭 게이워 빠오쭈앙
请给我包装。
Qǐng gěi wǒ bāozhuāng
선물용으로 포장해 주십시오.

6. 칭 이거 이거더 펀카이 빠오
请一个一个地分开包。
Qǐng yí ge yí ge de fēnkāi bāo
하나씩 나눠서 포장해 주세요.

7. 넝 게이워 이거 코우따이 마
能给我一个口袋吗？
Néng gěi wǒ yí ge kǒudai ma
봉투 하나 주실 수 있습니까?

8. 칭 팡짜이 꼬우우 따이즈 리미앤
请放在购物袋子里面。
Qǐngfàng zài gòuwù dàizi lǐmiàn
쇼핑백에 넣어 주십시오.

9. 칭 짜이 게이 워 이거 코우따이 하오 마
请再给我一个口袋好吗？
Qǐng zài gěi wǒ yí ge kǒudai hǎo ma
봉투 하나 더 주시겠습니까?

- 지불 .... 付钱 fùqián 〔푸 치앤〕
- 계산 .... 算帐 suànzhàng 〔쑤안 쟝〕
- 계산대 .... 结帐处 jiézhàngchù 〔지에 쟝 추〕
- 카운터 .... 柜台 guìtái 〔꾸이 타이〕
- 계산서 .... 帐单 zhàngdān 〔쟝 딴〕
- 카드 .... 卡 kǎ 〔카〕
- 신용카드 .... 信用卡 xìnyòngkǎ 〔신 용 카〕
- 현금 .... 现金 xiànjīn 〔시앤 진〕
- 잔돈 .... 零钱 língqián 〔리앤 치앤〕
- 영수증 .... 发票 fāpiào 〔파 퍄오〕
- 영수증 .... 收据 shōujù 〔쇼우 쥐〕
- 선물 .... 礼物 lǐwù 〔리 우〕
- 포장 .... 包装 bāozhuāng 〔빠오 쭈앙〕
- 리본 .... 丝带 sīdài 〔쓰 따이〕
- 쇼핑백 .... 购物袋子 gòuwù dàizi 〔꼬우우 따이즈〕
- 봉투 .... 口袋 kǒudai 〔코우 따이〕
- 배달 .... 投递 tóudì 〔토우 띠〕

중국에서도 신용카드를 사용할 수 있지만 될 수 있으면 사용하지 않는 것이 좋다. 수수료가 엄청 비싸고 처리 속도도 느리다. 또 사용할 수 있는 곳도 한정되어 있고 아직까지 카드사용이 보편화되어 있지 않아 현찰을 좋아한다. 값을 지불할 때는 반드시 중국의 화폐인 인민폐(人民币-런민삐)를 사용해야 한다.

A : 你自己用的还是送给别人的？
Nǐ zìjǐ yòng de háishi sòng gěi biérén de
니 쯔지 용더 하이스 쏭 게이 비에런더

B : 是送给朋友的。请给我包装。
Shì sòng gěi péngyou de Qǐng gěi wǒ bāo zhuāng
스 쏭 게이 펑요우더 칭 게이워 빠오쭈앙

A : 先去那儿交款。
Xiān qù nàr jiāo kuǎn
시앤 취 나알 찌아오콴

B : 这儿能用信用卡吗？
Zhèr néngyòng xìnyòngkǎ ma
쩌얼 넝 용 신용카 마

A : 对不起，不能用。
Duìbùqǐ bù néngyòng
뚜이부치 뿌 넝 용

A : 직접 쓰실 건가요, 아니면 선물할 겁니까?

B : 친구에게 선물할 겁니다. 포장해 주세요.

A : 먼저 저쪽에 가서 계산하세요.

B : 이곳에서 카드를 사용할 수 있습니까?

A : 죄송합니다만, 사용할 수 없습니다.

서비스

服务
fúwù

눈에 띄는 기본표현

A : 어떻게 해 드릴까요?

你要怎么做?
Nǐ yào zěnme zuò

니 아오 전머 쭈어

B : 머리카락을 <u>자르고</u>1) 싶습니다.

我想剪头发。
Wǒxiǎngjiǎn tóufa

워 시양 지앤 토우파

☆ ☆ ☆ ☆ ☆

A : 어떠세요?

怎么样?
Zěnmeyàng

쩐머양

B : <u>아주 맘에 듭니다.</u>2)

非常满意。
Fēicháng mǎnyì

페이챵 만이

활용

1) — ① 염색하다 染发   ② 파마하다 烫发
          rǎn fà   tàng fà

2) — ① 너무 짧습니다. 这太短。
                    Zhè tài duǎn

      ② 마음에 안듭니다. 我不满意。
                      Wǒ bù mǎnyì

服务

1
판띠앤리 요우 메이롱위앤 마
饭店里有美容院吗？
Fàn diàn li yǒu měiróngyuàn ma
호텔 안에 미용실이 있습니까?

2
지디앤 샹(시아) 빤
几点上(下)班？
Jǐ diǎnshàng xià bān
몇 시에 문을 엽(닫습)니까?

3
뿌야오 지앤더 타이 뚜어
不要剪得太多。
Búyào jiǎn de tài duō
너무 많이 자르지 마세요.

4
칭 지앤 싼 스 꽁펀
请剪三，四公分。
Qǐng jiǎn sān   sì gōng fēn
3~4cm정도 잘라 주세요.

5
칭 츄이펑
请吹风。
Qǐngchuī fēng
드라이 좀 해주세요.

6
칭 탕더 쏭 이디얼
请烫得松一点儿。
Qǐngtàng de sōng   yìdiǎnr
웨이브를 조금만 넣어 주세요.

7
뿌야오 용 펀파지
不要用喷发剂。
Búyào yòng   pēnfàjì
스프레이를 뿌리지 마세요.

8
쩌 뚜이니 헌 허스
这对你很合适。
Zhè duì nǐ hěn héshì
손님께 아주 잘 어울립니다.

9
짜오 위앤라이 더 양즈 리
照原来的样子理。
Zhào yuánlái de yàngzi lǐ
원래 모양대로 다듬어 주세요.

- 미용실 ·· 美容院 měiróngyuàn 〔메이 롱 위앤〕
- 미용사 ·· 美容师 měiróngshī 〔메이 롱 스〕
- 이발소 ·· 理发店 lǐfàdiàn 〔리 파 띠앤〕
- 이발사(미용사) · 理发匠 / 理发员 lǐfàjiàng / lǐfàyuán 〔리 파 찌앙 / 리 파 위앤〕
- 커트 ·· 剪发 jiǎn fà 〔지앤 파〕
- 파마 ·· 烫发 tàng fà 〔탕 파〕
- 염색 ·· 染发 rǎn fà 〔란 파〕
- 드라이 ·· 吹风 chuīfēng 〔췌이 펑〕
- 헤어 드라이어 ······························· 吹风机 chuīfēngī 〔췌 펑 지〕
- 면도 ·· 刮脸 guā liǎn 〔꽈 리앤〕
- 손톱정리 ···················· 修手指甲 xiū shǒuzhǐjiǎ 〔시유 쇼우 즈 지아〕
- 화장 ·· 化妆 huàzhuāng 〔화 쥬앙〕
- 화장품 ································· 化妆品 huàzhuāngpǐn 〔화 쥬앙 핀〕
- 헤어 스프레이 ································· 发胶 fàjiāo 〔파 지야오〕
- 머리빗 ·· 梳子 shūzi 〔슈 즈〕
- 가위 ·· 剪子 jiǎnzi 〔지앤 즈〕
- 거울 ·· 镜子 jìngzi 〔징 즈〕

外国인들은 주로 호텔에서 이발소나 미장원을 이용한다. 시내에도 이발소나 미장원이 있긴 하지만 우리의 60~70년대 수준으로 시설이 매우 낙후되어 있으며 가격은 2元~5元정도이다. 또한 길거리에서 의자 하나만 놓고 머리를 잘라주는 이발사의 모습도 쉽게 볼 수 있다.

A : 您剪发还是烫发？
Nín jiǎn fà　háishi tàng fà
닌 지앤 파 하이스 탕 파

B : 我剪发。我想做一个流行的最新发型。
Wǒ jiǎn fà　　Wǒ xiǎng zuò yí ge liúxíng de zuì xīn fà xíng
워 지앤 파　워 시양 쭈어 이거 리유싱 더 쭈이신 파씽

A : 这种怎么样？
Zhè zhǒng zěnmeyàng
쩌 종 전머양

B : 好。请剪好。
Hǎo　　Qǐng jiǎn hǎo
하오　칭 지앤 하오

A : 请到这儿来剪发。
Qǐng dào　zhèr　lái jiǎn fà
칭 따오 쩌얼 라이 지앤 파

A : 커트하시겠습니까, 아니면 파마하시겠습니까?
B : 커트하려고 합니다.
　　유행하는 최신 머리형으로 하고 싶은데요.
A : 이 모양 어떠세요?
B : 좋습니다. 잘 잘라 주세요.
A : 이쪽으로 오시지요.

서비스

服务
fúwù

눈에 띄는 기본표현

A : 전에 오신 적이 있습니까?

你来过这儿吗？　　니 라이꾸어 쩌얼 마
Nǐ lái guo zhèr ma

B : <u>아니요, 처음 왔습니다.</u>1)

没有，第一次来。　　메이요우 띠 이츠라이
Méiyǒu　　dì yí cì lái

☆ ☆ ☆ ☆ ☆

A : 무슨 일입니까?

你怎么了？　　니 쩐머 러
Nǐ zěnme le

B : <u>몸이 불편합니다.</u>2)

我觉得不舒服。　　워 쥐에더 뿌 슈푸
Wǒ juéde bù shūfu

활용

1)— ① 네, 지난 주에 한번 왔습니다. 来过，上星期来过一次。
Lái guo　　shàngxīng qī lái guo yí cì

2)— ① 머리가 아프고 열이 납니다. 我头疼，发烧。
Wǒ tóu téng　　fā shāo

② 기침을 합니다. 咳嗽。
Késou

服务

1
워 야오 꽈하오
我要挂号。
Wǒ yào guàhào
접수하려고 합니다.

2
워 야오 칸삥
我要看病。
Wǒ yào kànbìng
진찰을 받고 싶습니다.

3
나알 뿌 슈푸
哪儿不舒服？
Nǎr bù shūfu
어디가 불편하십니까?

4
워 쇼우샹 러
我受伤了。
Wǒ shòushāng le
상처가 났습니다.

5
퉤이 슈아이 뚜안 러
腿摔断了。
Tuǐ shuāiduàn le
다리가 부러졌습니다.

6
토우 텅 취앤션 메이요우 질
头疼，全身没有劲儿。
Tóu téng quánshēn méiyǒu jìnr
머리가 아프고 온 몸에 기운이 없습니다.

7
메이요우 웨이코우
没有胃口。
Méiyǒu wèikǒu
식욕이 없습니다.

8
토우 윈
头晕。
Tóu yūn
어지럽습니다.

9
뚜즈 텅
肚子疼。
Dùzi téng
배가 아픕니다.

10
라 뚜즈
拉肚子。
Lā dùzi
설사를 합니다.

11
스 스우 쫑두 러
是食物中毒了。
Shì shíwù zhōngdú le
식중독입니다.

12
피푸 파 양
皮肤发痒。
Pífū fāyǎng
피부가 가렵습니다.

13
지 티앤 러
几天了？
Jǐ tiān le
며칠 되셨습니까?

14
주어티앤 완샹 찌우 카이스
从昨天晚上开始疼。
Cóng zuótiān wǎnshang kāishǐ téng
어제 저녁부터 아프기 시작했습니다.

15
니 바 쭈이 쟝카이 워 칸칸
你把嘴张开，我看看。
Nǐ bǎ zuǐ zhāngkāi   wǒ kànkan
입을 벌리세요, 좀 봅시다.

16
워 스 꾸어민씽 티즈
我是过敏性体质。
Wǒ shì guòmǐnxìng   tǐzhì
알레르기성 체질입니다.

17
이치앤 니 더꾸어 션머 삥
以前，你得过什么病？
Yǐqián   nǐ dé guo shénme bìng
예전에 어떤 병을 앓았습니까?

18
게이니 량 이 량 티원 바
给你量一量体温吧。
Gěi nǐ liáng yi liáng tǐwēn ba
체온을 재겠습니다.

19

워 게이니 지앤챠 이샤
我给你检查一下。
Wǒ gěi nǐ jiǎnchá yíxià
검사 한 번 해보겠습니다.

20

요우 원티 마/션머 삥
有问题吗？/ 什么病？
Yǒu wèntí ma　　　Shénme bìng
문제 있습니까?/무슨 병입니까?

21

야오 쭈 위앤 마
要住院吗？
Yào zhù yuàn ma
입원해야 하나요?

22

메이 션머
没什么。
Méi shénme
별거 아닙니다.

23

이 츠 야오 찌우 후이 하오 더
一吃药就会好的。
Yī chī yào jiù huì hǎo de
약을 먹으면 좋아질 겁니다.

24

다 이 쩐 하오 밍티앤 짜이 라이
打一针后，明天再来。
Dǎ yì zhēn hòu　　míngtiān zài lái
주사를 맞고 내일 다시 오셔야 합니다.

25

커이 지쉬 뤼씽 마
可以继续旅行吗？
Kěyǐ　　jìxù　　lǚxíng ma
여행을 계속해도 되겠습니까?

26

칭 닌 시유시 이티앤
请您休息一天。
Qǐng nín xiūxi　yì tiān
하루 동안 안정을 취해 주십시오.

- 병원 ······ 医院 yīyuàn 〔이 위앤〕
- 의사 ······ 医生 / 大夫 yīshēng / dàifu 〔이 셩 / 따이 푸〕
- 간호사 ······ 护士 hùshi 〔후 스〕
- 진찰 ······ 诊疗 / 诊察 zhěnliáo / zhěnchá 〔쩐 랴오 / 쩐 챠〕
- 주사 ······ 打针 dǎzhēn 〔다 쩐〕
- 수술 ······ 手术 / 开刀 shǒushù kāidāo 〔쇼우 슈 / 카이 따오〕
- 입원 ······ 住院 zhù yuàn 〔쭈 위앤〕
- 퇴원 ······ 出院 chū yuàn 〔츄 위앤〕
- 접수창구 ······ 挂号处 guàhàochù 〔꽈 하오 츄〕
- 병실 ······ 病房 bìngfáng 〔삥 팡〕
- X레이 ······ X光线 X guāngxiàn 〔엑스 꽝시앤〕
- 기브스 ······ 石膏固定 shígāo gùdìng 〔스까오 꾸띵〕
- 알레르기 ······ 过敏 guòmǐn 〔꾸어 민〕

◎ **병원 진료과목**

- 외과 ······ 外科 wàikē 〔와이 커〕
- 내과 ······ 内科 nèikē 〔네이 커〕
- 안과 ······ 眼科 yǎnkē 〔이앤 커〕
- 치과 ······ 牙科 yákē 〔야 커〕
- 산부인과 ······ 妇产科 fùchǎnkē 〔푸 찬 커〕
- 소아과 ······ 儿科 érkē 〔얼 커〕
- 피부과 ······ 皮肤科 pífūkē 〔피푸 커〕

i

중국의 병원에는 외국인 진찰실이 따로 마련되어 있어 진찰비도 내국인에 비해 훨씬 비싸다. 그러므로 출국하기 전에 공항에서 여행자 보험에 들어 두어야 비싼 진료비를 물지 않을 수 있고 병원에서 발급한 영수증을 반드시 챙겨서 보험 청구 시 쓰면 된다.

Ａ： 哪儿不舒服？
Nǎr　bù　shūfu
나알 뿌 슈푸

Ｂ： 我嗓子疼，咳嗽，发烧。
Wǒ sǎngzi téng　　késou　　　fā shāo
워 쌍즈 텅 커소우 파샤오

Ａ： 请张开嘴。你感冒了。
Qǐngzhāngkāi zuǐ　　Nǐ gǎnmào le
칭 쟝카이 쮀이 니 깐마오 러

Ｂ： 要打针吗？
Yào dǎ zhēn ma
야오 다 쩐 마

Ａ： 不用，吃药就会好的。
Bú yòng　　chī yào jiù huì hǎo de
뿌용 츠 야오 찌우 훼이 하오 더

Ａ： 어디가 불편하십니까?

Ｂ： 목이 아프고 기침도 하고 열이 납니다.

Ａ： 입을 벌려 보세요. 감기에 걸리셨습니다.

Ｂ： 주사를 맞아야 하나요?

Ａ： 필요 없어요. 약을 드시면 괜찮아질겁니다.

약국에서

A : 어떤 약이 필요하십니까?

你要什么药?
Nǐ yào shénme yào
니 야오 션머 야오

B : <u>멀미약</u>1)을 주십시오.

请你给我晕车药。
Qǐng nǐ gěi wǒ yūnchēyào
칭 니 게이 워 토우텅야오

☆ ☆ ☆ ☆ ☆

A : 얼마나 필요하십니까?

你 须要多少?
Nǐ xúyào duōshao
니 쉬야오 뚜어샤오

B : <u>이틀치 약</u>2)을 주십시오.

请给我两天的药。
Qǐng gěi wǒ liǎngtiān de yào
칭 게이 워 량티앤 더 야오

활용

1) — ① 아스피린 阿司匹林 ② 소화제 消化药
        āsīpǐlín   xiāohuàyào

2) — ① 일주일분 一个星期的药
         yí ge xīngqī de yào

    ② 두 알 两片
        liǎng piàn

服
务

1
요 메이요우 깐마오야오
有没有感冒药?
Yǒu Méiyǒu gǎnmàoyào
감기약 있습니까?

2
칭 게이 워 와이용야오
请给我外用药。
Qǐng gěi wǒ wàiyòngyào
상처에 바르는 약(외용약)을 주십시오.

3
칭 게이 페이야오
请给配药。
Qǐng gěi pèi yào
약을 조제해 주십시오.

4
칭 게이워 카이 야오
请给我开药。
Qǐng gěi wǒ kāi yào
약처방을 해 주세요.

5
이티앤 싼츠 츠판 호우 푸용
一天三次，吃饭后服用。
Yì tiān sān cì　chī fàn hòu fúyòng
하루 세 번, 식후에 드십시오.

6
칭 니 스 치앤 푸용
请你食前服用。
Qǐng nǐ shí qián fúyòng
식 전에 드십시오.

7
니 이띵 야오 판 호우 푸용
你一定要饭后服用。
Nǐ yídìng yào fàn hòu fúyòng
꼭 식사를 하신 후 복용하셔야 합니다.

8
쩌 야오 메이 티앤 량츠 이츠 량피앤 푸용
每天两次，一次两片服用。
Měitiān liǎng cì　yí cì liǎngpiàn fúyòng
이 약은 매일 두 번씩, 한 번에 두 알씩 드십시오.

9
칭 게이 워 웨이타밍
请给我两片维他命。
Qǐng gěi wǒ liǎngpiàn wéitāmìng
비타민제 두 알 주십시오.

- 약국 ·························· 药房 / 药店 yàofáng / yàodiàn 〔야오 팡 / 야오 띠앤〕
- 한약방 ······························· 药铺 yàopū 〔야오 푸〕
- 약 ···································· 药 yào 〔야오〕
- 양약 ······························· 西药 xīyào 〔시 야오〕
- 한약 ····························· 中药 zhōngyào 〔쭝 야오〕
- 약사 ···························· 药剂师 yàojìshī 〔야오 찌 스〕
- 처방전 ··························· 药方 yàofāng 〔야오 팡〕

◎ **여러 가지 약** ··

- 소화제 ······················ 消化药 xiāohuàyào 〔시야오 화 야오〕
- 진통제 ······················ 镇痛剂 zhèntòngjì 〔쩐 통 찌〕
- 수면제 ······················ 安眠药 ānmiányào 〔안 미앤 야오〕
- 진정제 ······················ 镇静剂 zhènjìngjì 〔쩐 찡 찌〕
- 감기약 ······················ 感冒药 gǎnmàoyào 〔깐 마오 야오〕
- 아스피린 ····················· 阿司匹林 āsīpǐlín 〔아 쓰 피 린〕
- 두통약 ······················ 头疼药 tóuténgyào 〔토우 텅 야오〕
- 위장약 ······················ 胃肠药 wèichángyào 〔웨이 창 야오〕
- 멀미약 ······················ 晕车药 yūnchēyào 〔윈 처 야오〕
- 연고 ························· 软膏 ruǎngāo 〔루안 까오〕
- 비타민 ······················ 维他命 wéitāmìng 〔웨이 타 밍〕

ⓘ

약국을 药房(야오팡)이라고 하는데 대개 양약을 파는 곳을 말하며 한약을 파는
곳은 药铺(야오푸)라고 한다.
약을 낱개로는 잘 판매하지 않으니 비상의약품을 미리 준비하는 것이 좋고 중국
에서는 양약보다 한약에 의한 치료를 주로 한다.

Ａ : 你怎么了？
Nǐ zěnme le
니 쩐머 러

Ｂ : 我头疼。请给我头疼药。
Wǒ tóu téng　Qǐng gěi wǒ tóuténgyào
워 토우텅 칭 게이 워 토우텅야오

Ａ : 你感冒了吗？
Nǐ gǎn mào le ma
니 깐마오 러 마

Ｂ : 不太清楚。
Bú tài qīngchu
뿌 타이 칭츄

Ａ : 先吃这种药还那样的话，请去医院看看。
Xiān chī zhè zhǒng yào hái nà yàng de huà　qǐng qù yīyuàn kànkan
시앤 쩌종 야오 하이 나 양 더 화 칭 취 이위앤 칸칸

Ａ : 무슨 일이십니까?

Ｂ : 머리가 아픕니다. 두통약 좀 주십시오.

Ａ : 감기에 걸리셨습니까?

Ｂ : 모르겠습니다.

Ａ : 우선 이 약을 먹고, 그래도 아프면 병원에 가 보십시오.

은행에서

눈에 띄는 기본표현

A : 무엇을 원하십니까?

您要什么？　　　닌 야오 션머
Nín yào shénme

B : 달러를 인민폐로 바꾸려고 합니다.1)

我想把美元换成人民币。　워 시앙 바 메이위앤 환청 런민삐
Wǒ xiǎng bǎ Měiyuán huànchéng Rénmínbì

☆ ☆ ☆ ☆ ☆

A : 얼마나 바꾸실 겁니까?

你要换多少？　　　니 야오 환 뚜어샤오
Nǐ yào huàn duōshao

B : 500달러를 바꾸려고 합니다.2)

我要换五百美元。　워 야오 환 우바이 메이위앤
Wǒ yào huàn wǔ bǎi Měiyuán

활용

1)— ① 환전하려고 합니다. 我要换钱。
Wǒ yào huànqián

② 여행자 수표를 현금으로 바꾸려고 합니다. 我想把旅行支票换成现金。
Wǒ xiǎng bǎ lǚxíng zhīpiào huànchéng xiànjīn

2)— ① 이것을 전부 바꾸려고 합니다. 我要把这些全部换钱。
Wǒ yào bǎ zhè xiē quán bù huànqián

服务

1
짜이 나알 환치앤
在哪儿换钱？
Zài nǎr huànqián
어디에서 환전을 합니까?

2
짜이 싼하오 츄앙코우
在三号窗口。
Zài sān hào chuāngkǒu
3번 창구입니다.

3
닌 따이더 션머 치앤
您带的什么钱？
Nín dài de shénme qián
당신이 가진 돈이 어떤 종류입니까?

4
칭 환청 런민삐
请换成人民币。
Qǐnghuànchéng Rénmínbì
중국돈(인민폐)으로 바꿔 주세요.

5
칭 티앤 이장 뚜이환딴
请填一张兑换单。
Qǐng tián yì zhāng duìhuàndān
환전표를 적어 주십시오.

6
뤼씽즈피야오 예 커이 환 마
旅行支票也可以换吗？
Lǚxíng zhīpiào yě kěyǐ huàn ma
여행자 수표도 바꿀 수 있습니까?

7
진티앤더 뚜이환뤼 스 뚜어샤오
今天的兑换率是多少？
Jīntiān de duìhuànlǜ shì duōshao
오늘은 환율이 어떻게 됩니까?

8
넝 게이 환디앤 링치앤 마
能给换点零钱吗？
Néng gěi huàndiǎn língqián ma
잔돈으로 바꿔 주실 수 있습니까?

9
칭 슈이슈
请数一数。
Qǐng shǔ yi shǔ
세어 보십시오.

□□□□□□□□□

- 은행 ·· 银行 yínháng 〔인 항〕
- 환전 ·· 换钱 / 外币兑换 huànqián / wàibì duìhuàn 〔환 치앤 / 와이 삐 뚜이 환〕
- 외화 ·· 外币 wàibì 〔와이 삐〕
- 환전표 ·· 兑换单 duìhuàndān 〔뚜이 환 딴〕
- 환율 ·· 汇率 huìlǜ 〔후이 뤼〕
- 여행자 수표 ································· 旅行支票 lǚxíngzhīpiào 〔뤼 씽 즈 퍄오〕
- 수표 ··· 支票 zhīpiào 〔즈 퍄오〕
- 지폐 ··· 钞票 chāopiào 〔차오 퍄오〕
- 동전 ··· 硬币 yìngbì 〔잉 삐〕
- 원 ··· 元 / 块 yuán / kuài 〔위앤 / 콰이〕
- 0.1元 ··· 角 / 毛 jiǎo / máo 〔지야오 / 마오〕
- 0.01元 ·· 分 fēn 〔펀〕

◎ 각국 화폐의 종류 ··

- 한화 ·· 韩币 Hánbì 〔한 삐〕
- 인민폐 ··· 人民币 Rénmínbì 〔런 민 삐〕
- 달러 ·· 美元 Měiyuán 〔메이 위앤〕
- 홍콩달러 ·· 港币 Gǎngbì 〔깡 삐〕
- 엔화 ··· 日元 Rìyuán 〔르 위앤〕
- 유로달러 ························ 欧洲美元 Ōuzhōu měiyuán 〔오우 쪼우 메이 위앤〕

i

중국돈을 한국의 외환은행에서 미리 구입하거나 현지에서는 달러로 환전을 해야 한다. 이 경우, 중국에서도 고급식당, 호텔, 우의상점에서는 여행자 수표(T/C)가 통용되므로 여행자 수표로 환전하는 것이 환율적으로 유리하다. 환전은 공항, 고급 호텔, 고급 레스토랑 등이나 은행의 창구에서 가능하면 환전을 할 때는 반드시 환전증명서를 받아야 한다.

Ａ： 我要换钱。
Wǒ yào huànqián
워 야오 환치앤

Ｂ： 你有什么外币？
Nǐ yǒu shénme wàibì
니 요우 션머 와이삐

Ａ： 美元。
Měiyuán
메이위앤

Ｂ： 要换多少？
Yào huàn duōshao
야오 환 뚸어샤오

Ａ： 一百美元。今天的换率是多少？
Yì bǎi Měiyuán　Jīntiān de huànlǜ shì duōshao
쌴바이 메이위앤 찐티앤더 환뤼 스 뚸어샤오

Ｂ： 一百美元是八百元。
Yì bǎi Měiyuán shì bā bǎi yuán
이바이 메이위앤 스 빠바이 위앤

Ａ： 환전을 하려고 하는데요.

Ｂ： 어떤 외화를 가지고 계십니까?

Ａ： 달러입니다.

Ｂ： 얼마나 바꾸시겠습니까?

Ａ： 100달러입니다. 오늘 환율이 어떻게 됩니까?

Ｂ： 100달러에 800원입니다.

서비스 服务 *fúwù*

눈에 띄는 기본표현

A : 무엇을 원하십니까?
你要什么？
Nǐ yàoshénme
니 야오 션머

B : 항공 우편 하나를 부치려고 합니다.1)
我寄一封航空信。
Wǒ jì yì fēnghángkōngxìn
워 찌 이펑 항콩씬

☆ ☆ ☆ ☆ ☆

A : 어디로 보내실 겁니까?
寄到哪儿？
Jì dào nǎr
찌 따오 나알

B : 한국2)으로 보낼 겁니다.
寄到韩国。
Jì dàoHánguó
지 따오 한구어

활용

1)— ① 소포를 부치고 싶습니다. 我想寄包裹。
Wǒ xiǎng jì bāoguǒ

② 우표를 주십시오. 请给我邮票。
Qǐng gěi wǒ yóupiào

2)— ① 서울 汉城　② 미국 美国
Hànchéng　　　Měiguó

服务

1　
워 야오 바 쩌 펑 씬 찌따오 한구어
我要把这封信寄到韩国。
Wǒ yào bǎ zhè fēng xìn jì dào Hánguó
이 편지를 한국으로 부치려고 합니다.

2　
칭 찌 꽈하오씬
请寄挂号信。
Qǐng jì guàhàoxìn
등기 우편으로 보내 주십시오.

3　
콰이띠씬 뚜어샤오 치앤
快递信多少钱 ?
Kuàidìxìn duōshao qián
속달은 얼마입니까?

4　
쩌얼 넝 투어윈 마
这儿能托运吗 ?
Zhèr néng tuō yùn ma
이 곳에서 짐을 부칠 수 있습니까?

5　
야오 뚜어챵 스지앤
要多长时间 ?
Yào duō cháng shíjiān
얼마나 걸립니까?

6　
워 청 이 청
我称一称。
Wǒ chēng yi chēng
무게를 달아 보겠습니다.

7　
칭 게이 워 우 콰이 치엔 더 요우퍄오.
请给我五块钱的邮票。
Qǐng gěi wǒ wǔ kuài qián de yóupiào
5원짜리 우표를 주세요.

8　
요우 밍씬피앤 마
有明信片吗 ?
Yǒu míngxìnpiàn ma
엽서 있습니까?

9　
용 촨윈 하이스 용 항콩 지 취
用船运，还是用航空寄去 ?
Yòng chuán yùn háishi yòng hángkōng jì qù
배편으로 부치시겠습니까, 항공편으로 부치시겠습니까?

◎ 우편에 관련된 용어

- 우체국 ·· 邮局 yóujú 〔요우 쥐〕
- 우체통 ···················· 邮筒 / 信筒 yóutǒng / xìntǒng 〔요우 통 / 씬 통〕
- 우체통(우편함) ········· 邮箱 / 信箱 yóuxiāng / xìnxiāng 〔요우 시앙 / 씬 시앙〕
- 우편 집배원 ·································· 邮递员 yóudìyuán 〔요우 띠 위앤〕
- 우편물 ···················· 邮件 / 信件 yóujiàn / xìnjiàn 〔요우 지앤 / 씬 지앤〕
- 편지 ·· 信 xìn 〔씬〕
- 소포 ··· 包裹 bāoguǒ 〔빠오 꾸어〕
- 편지지 ····································· 信纸 xìnzhǐ 〔씬 즈〕
- 봉투 ··· 信封 xìnfēng 〔씬 펑〕
- 엽서 ·············· 邮片 / 明信片 yóupiàn / míngxìnpiàn 〔요우 피앤 / 밍 씬 피앤〕
- 우표 ··· 邮票 yóupiào 〔요우 피야오〕
- 주소 ··· 地址 dìzhǐ 〔띠 즈〕
- 우편번호 ····················· 邮政编码 yóuzhèng biānmǎ 〔요우쩡 삐앤마〕
- 발신인 ···································· 寄信人 jìxìnrén 〔찌 씬 런〕
- 수신인 ································· 收信人 shōuxìnrén 〔쇼우 씬 런〕
- 보통우편 ································· 平信 píngxìn 〔핑 씬〕
- 속달우편 ······························· 快信 kuàixìn 〔콰이 씬〕
- 등기우편 ························· 挂号信 guàhàoxìn 〔꽈 하오 씬〕
- 항공우편 ······················· 航空信 hángkōngxìn 〔항 콩 씬〕
- 속달우편 ······················ 快递信 kuàidìxìn 〔콰이 띠 씬〕

i

중국의 우체국은 연중 무휴이며 업무시간은 아침 9시부터 오후 5시까지이며 국제 우편 요금은 1.60元(一块六毛-이 콰이 리우 마오), 편지는3元(기본 10g)이며 매 10g 초과시 5毛의 추가비(加费-지아 페이)를 내야 한다. 일반 편지, 소포는 물론 송금, 입출금도 가능하며 기타 전신 업무도 한다.

A : 我想寄信到汉城。要多长时间？
Wǒ xiǎng jì xìn dào Hànchéng　Yào duō cháng shíjiān
워 시양 찌 씬 따오 한청 야오 뚜어챵 스지앤

B : 大概三天。
Dàgài sān tiān
따까이 싼 티앤

A : 那么请寄快递信。多少钱？
Nàme qǐng jì kuàidìxìn　Duōshaoqián
나머 칭 찌 콰이띠씬 뚜어샤오 치앤

B : 我称一称。贴九块七毛的邮票。
Wǒ chēng yi chēng　Tiē jiǔ kuài qī máo de yóupiào
워 **청** 이 **청** 티에 지우 콰이 치 마오 더 요우퍄오

A : 서울로 편지를 부치고 싶습니다. 얼마나 걸립니까?

B : 약 3일 정도 걸립니다.

A : 그럼 속달우편으로 보내 주십시오. 얼마입니까?

B : 무게를 달아보겠습니다. 9원 7전짜리 우표를 붙이세요.

세탁소에서

눈에 띄는 기본표현

A : 무엇을 세탁하려고 합니까?

你洗什么？　　　니 시 션머
Nǐ xǐ shénme

B : 양복 한 벌1)을 세탁하려고 합니다.

我想洗一套西服。　　　워 시양 시 이 타오 시푸
Wǒxiǎng xǐ yí tào xīfú

☆ ☆ ☆ ☆ ☆

A : 언제 세탁이 다 됩니까?

什么时候能洗好？　　　션머 스호우 넝 시 하오
Shénme shíhou néng xǐ hǎo

B : 오늘 저녁이면 됩니다.2)

今天晚上可以。　　　진티앤 완샹 커이
Jīntiān wǎnshang kěyǐ

활용

1)― ① 와이셔츠 한 장 一件衬衫
yí jiàn chènshān

　　② 스웨터 몇 장 几件毛衣
jǐ jiàn máoyī

2)― ① 이틀 뒤에 찾아 가세요. 两天以后来取吧。
Liǎng tiān yǐhòu lái qǔ ba

服务

1

야오 깐시 마
要干洗吗？
Yào gānxǐ ma
드라이크리닝을 해야 합니까?

2

워 야오 윈 쩌 지앤 쿠즈
我要熨这件裤子。
Wǒ yào yùn zhè jiàn kùzi
바지를 다리려고 합니다.

3

쩌얼 넝 즈뿌 마
这儿能织补吗？
Zhèr néng zhībǔ ma
여기서 옷 수선도 합니까?

4

쩌 지앤 췬즈 야오 쉐이시 쩌 지앤 마오이 야오 깐시
这件裙子要水洗，这件毛衣要干洗。
Zhè jiàn qúnzi yào shuǐxǐ zhè jiàn máoyī yào gānxǐ
이 치마는 물세탁 해 주시고 이 스웨터는 드라이클리닝 해야 합니다.

5

넝 뿌넝 티치앤 이디얼
能不能提前一点儿？
Néng bù néng tíqián yìdiǎnr
조금 빨리 안됩니까?

6

션머 스호우 야오
什么时候要？
Shénme shíhou yào
언제 필요하십니까?

7

취 이푸 더 스호우 찌야오 치앤
取衣服的时候，交钱。
Qǔ yīfu de shíhou jiāo qián
옷을 찾아갈 때 계산하십시오.

8

워 더 이푸 시하오 러 마
我的衣服洗好了吗？
Wǒ de yīfu xǐ hǎo le ma
제 옷 다 되었습니까?

9

호우티앤 따오 푸우타이 라이 취 바
后天到服务台来取吧。
Hòutiān dào fúwùtái lái qǔ ba
모레 프론트에 와서 찾아 가세요.

- 세탁소 ……………………………………… 洗衣店 xǐyīdiàn 〔시 이 띠앤〕
- 세탁 …………………………………………… 洗衣 xǐ yī 〔시 이〕
- 물세탁 ………………………………………… 水洗 shuǐxǐ 〔쉐이 시〕
- 드라이크리닝 ………………………………… 干洗 gānxǐ 〔깐 시〕
- 양복 …………………………………………… 西服 xīfú 〔시 푸〕
- 바지 …………………………………………… 裤子 kùzi 〔쿠 즈〕
- 치마 …………………………………………… 裙子 qúnzi 〔췬 즈〕
- 와이셔츠 ……………………………………… 衬衫 chènshān 〔천 샨〕
- 상의 …………………………………………… 上衣 shàngyī 〔샹 이〕
- 청바지 ………………………………………… 牛仔裤 niúzǎikù 〔니유 짜이 쿠〕
- 털옷 …………………………………………… 毛衣 máoyī 〔마오 이〕
- 속옷 …………………………………………… 内衣 nèiyī 〔네이 이〕
- 실크 …………………………………………… 丝绸 sīchóu 〔쓰 쵸우〕
- 양모 …………………………………………… 羊毛 yángmáo 〔양 마오〕
- 단추 …………………………………………… 扣子 kòuzi 〔코우 즈〕
- 다림질 ………………………………………… 熨 yùn 〔윈〕
- 다리미 ………………………………… 电熨斗 diànyùndǒu 〔띠앤 윈 또우〕
- 수선 …………………………………………… 织补 zhībǔ 〔즈 뿌〕

i

고급호텔에서는 세탁을 부탁할 수 있지만 세탁비가 비싸기 때문에 직접 빨아서 입는 것이 좋으므로 세탁비누를 준비해 가는 것이 좋겠다. 객실 서비스로 세탁을 부탁할 때에는 객실에 비치된 리스트를 기입하고 비치된 비닐자루에 세탁물을 넣은 후 종업원(服务员-푸우위앤)에게 말하면 되고 세탁요금은 체크아웃시 지불하거나 세탁물을 가져올 때 지불하면 된다.

Ａ： 我要洗几件衣服。
Wǒ yào xǐ jǐ jiàn yīfu
워 야오 시 지지앤 이푸

Ｂ： 水洗还是干洗？
Shuǐ xǐ háishi gān xǐ
쉐이시 하이스 깐시

Ａ： 这件裤子要干洗，把这件衬衫熨一下。
Zhè jiàn kùzi yào gān xǐ bǎ zhè jiàn chènshān yùn yíxià
쩌 지앤 쿠즈 야오 깐시 바 쩌 저앤 천샨 윈 이시아

什么时候可以洗好？
Shénme shíhou kěyǐ xǐ hǎo
션머 스호우 커이 시 하오

Ｂ： 后天。
Hòutiān
호우티앤

Ａ： 能不能早一点儿？ 我想去旅行。
Néng bu néng zǎo yìdiǎnr Wǒ xiǎng qù lǚxíng
넝 뿌넝 짜오 이디얼 워 시양 취 뤼씽

Ｂ： 那么明天下午来取吧。
Nàme míngtiān xiàwǔ lái qǔ ba
나머 밍티앤 시아우 라이 취 바

Ａ： 옷 몇 벌을 세탁하고 싶습니다.

Ｂ： 물세탁을 하실 건가요, 드라이크리닝을 하실 건가요?

Ａ： 이 바지는 드라이크리닝 해 주시고 이 와이셔츠는 다려 주세요. 언제쯤 다 될까요?

Ｂ： 모레면 됩니다.

Ａ： 빨리 안 될까요? 여행을 가려고 하거든요.

Ｂ： 그럼, 내일 오후에 가져 가세요.

식 사

吃饭
chī fàn

눈에 띄는 기본표현

A : 이 근처에 <u>한국음식점</u>1)이 있습니까?

这附近有没有韩国餐厅？　　쩌 푸진 요 메이요우 한꾸어 찬팅
Zhè fùjìn yǒu méiyǒu Hánguócāntīng

B : 있습니다.

有。　　요우
Yǒu

☆ ☆ ☆ ☆ ☆

A : 예약하시겠습니까?

您要预订吗？　　닌 야오 위띵 마
Nín yào yùdìng ma

B : 네, 오늘 저녁 8시로 예약하겠습니다.2)

是的。我要预订今天晚上八点的餐桌。
Shì de　　Wǒ yào yùdìng jīntiān wǎnshang bā diǎn de cānzhuō

스더 워 야오 위띵 진티앤 완샹 빠 디앤 더 찬쥬어

활용

1)— ① 양식집　西菜官
　　　　　　　　xī cài guān

　　② 맛있고도 비싸지 않은 식당　又好吃又不贵的餐厅
　　　　　　　　　　　　　　　　　　yòu hǎo chī yòu bú guì de cān tīng

2)— ① 내일 저녁 7시로 하겠습니다.　是的。我要预订明天晚上七点的餐桌。
　　　　　　　　　　　　　　　　　　Shì de　　Wǒ yào yù dìng míngtiān wǎnshang qī diǎn de cān zhuō

吃饭

1
칭 찌에샤오 이시아 쩌 판띠앤리 웨이따오 쭈이 하오 더 찬팅
请介绍一下这饭店里味道最好的餐厅。
Qǐng jièshào yí xià zhè fàndiàn li wèidao zuì hǎo de cāntīng
이 호텔에서 제일 요리 잘하는 음식점을 소개해 주세요.

2
한구어 찬팅 짜이 나알
韩国餐厅在哪儿？
Hánguó cāntīng zài nǎr
한국 음식점은 어디에 있습니까?

3
쩌 푸진 요 메이요우 요우밍 더 찬팅
这附近有没有有名的中餐厅？
Zhè fùjìn yǒu méiyǒu yǒumíng de Zhōngcāntīng
이 근처에 유명한 중국 요리점이 있습니까?

4
쩌 푸진 요우 피앤이 이디얼더 찬팅 마
这附近有便宜一点儿的餐厅吗？
Zhè fùjìn yǒu piányi yìdiǎnr de cāntīng ma
근처에 값이 조금 싼 요리점이 있습니까?

5
요우 비에더 찬팅 마
有别的餐厅吗？
Yǒu bié de cāntīng ma
다른 식당은 없습니까?

6
요 메이요우 쭈어웨이
有没有座位？
Yǒu méiyǒu zuòwèi
좌석이 있습니까?

7
뿌 츄안 시푸 이예 커이 마
不穿西服也可以吗？
Bù chuān xīfú yě kěyǐ ma
정장을 하지 않아도 됩니까?

8
칭 게이 워 거 딴지앤
请给我个单间。
Qǐng gěi wǒ ge dānjiān
룸으로 주십시오.

9
워 야오 위띵 카오 츄앙 더 쭈어웨이
我要预订靠窗的座位。
Wǒ yào yùdìng kào chuāng de zuòwèi
창가쪽으로 예약하겠습니다.

- 식사 ···································· 吃饭 chī fàn 〔츠 판〕
- 식당 ···················· 餐厅 / 饭馆 cāntīng / fànguǎn 〔찬 팅 / 찬 판〕
- 예약 ···································· 预订 yùdìng 〔위 띵〕
- 식탁 ·································· 餐桌 cānzhuō 〔찬 쥬어〕
- 예약석 ································ 定座 dìngzuò 〔띵 쭈어〕
- 한국 음식점 ····················· 韩国餐厅 Hánguó cāntīng 〔한구어 찬팅〕
- 중국 음식점 ······················ 中餐厅 zhōngcāntīng 〔쫑 찬 팅〕
- 양식집 ··········· 西餐厅 / 西菜馆 xīcāntīng / xīcàiguǎn 〔시 찬 팅 / 시 차이 판〕
- 한국요리 ······························ 韩国菜 Hánguó cài 〔한구어 차이〕
- 중국요리 ······· 中餐 / 中国菜 zhōngcān / Zhōngguó cài 〔쫑 찬 / 쫑구어 차이〕
- 서양요리 ·························· 西餐 / 西菜 xīcān / xīcài 〔시 찬 / 시 차이〕
- 북경요리 ····························· 北京菜 Běijīng cài 〔베이징 차이〕
- 사천요리 ····························· 四川菜 Sìchuān cài 〔스츄안 차이〕
- 상해요리 ····························· 上海菜 Shànghǎi cài 〔상하이 차이〕
- 광동요리 ··························· 广东菜 guǎngdōng cài 〔꽝똥 차이〕
- 요리 ································· 菜 cài 〔차이〕
- 맛 ································· 味道 wèidao 〔웨이 따오〕

i

　　중국은 옛부터 먹는 것을 중시하여 음식문화가 매우 발달하였다. 따라서 세계 어느 나라보다 많은 요리 가지수와 요리법을 가지고 있다. 또한 중국 요리는 향료가 많이 들어가며 대부분이 기름기가 많아서 요리를 맛본 후에는 꼭 차를 물처럼 마신다.
일반적으로 중국의 대표적인 요리는 북경요리, 광동요리, 상해요리, 사천요리로 크게 나뉘어진다.

A : 我要预订，有座位吗？
Wǒ yào yùdìng yǒu zuòwèi ma
워 야오 위띵 요우 쭈어웨이 마

B : 你要预订什么时候的餐桌?
Nǐ yào yùdìng shénme shíhou de cān zhuō
니 야오 위띵 션머 스호우 더 찬 쥬어

A : 我要预订今天晚上七点的餐桌。
Wǒ yào yùdìng jīntiān wǎnshang qī diǎn de cān zhuō
워 야오 위띵 진티앤 완샹 치 디앤 더 찬쥬어

B : 要房间的还是靠窗的 ?
Yào fángjiān de háishi kào chuāng de
야오 팡지앤 더 하이스 카오 츄앙 더

A : 我想预订房间的餐桌。
Wǒ xiǎng yùdìng fángjiān de cān zhuō
워 시양 위띵 팡지앤 더 찬쥬어

B : 好，预订好了。
Hǎo yùdìng hǎo le
하오 위띵 하오 러

A : 예약을 하려고 하는데, 자리 있습니까?

B : 몇시로 하실 겁니까?

A : 오늘 저녁 7시로 하고 싶습니다.

B : 룸을 원하십니까, 창가 쪽을 원하십니까?

A : 룸으로 하고 싶습니다.

B : 네, 예약되었습니다.

식 사

吃饭
chī fàn

눈에 띄는 기본표현

A : 모두 몇 분이십니까?

一共几位？　　　　이꽁 지 웨이
Yígòng jǐ wèi

B : 세명입니다.1)

三位。　　　　산 웨이
Sānwèi

☆ ☆ ☆ ☆ ☆

A : 주문 하시겠습니까?

你点菜吗？　　　　니 디앤 차이 마
Nǐ diǎncài ma

B : 먼저 메뉴판을 보여 주십시오.2)

先把菜单给我看看。　　　　시앤 바 차이딴 게이 워 칸칸
Xiān bǎ càidān gěi wǒ kànkan

활용

1) ─ ① 세사람입니다. 三个人
Sān ge rén

② 두명입니다. 两位
Liǎng wèi

2) ─ ① 추천 좀 해주십시오. 你给我推荐一下。
Nǐ gěi wǒ tuījiàn yíxià

吃饭

1

환잉 꽝린
欢迎光临。
Huānyíngguānglín
어서 오십시오.

2

칭 쭈어 리비앤 바
请坐里边吧。
Qǐng zuò lǐbiān ba
안쪽으로 앉으십시오.

3

칭 샤오 덩
请稍等。
Qǐngshāoděng
잠시만 기다려 주십시오.

4

니먼 츠 션머
你们吃什么？
Nǐmen chī shénme
무엇을 드시겠습니까?

5

니 츠 션머 차이
你吃什么菜？
Nǐ chī shénme cài
어떤 음식을 드시겠습니까?

6

쩌 스 션머양 더 차이
这是什么样的菜？
Zhè shì shénmeyàng de cài
이것은 어떤 음식입니까?

7

웨이따오 쩐머양
味道怎么样？
Wèidao zěnmeyàng
맛이 어떻습니까?

8

요 메이요우 뛔이 한구어 코우웨이 더 차이
有没有对韩国口味的菜？
Yǒu méiyǒu duì Hánguó kǒuwèi de cài
한국 사람 입맛에 맞는 것이 있습니까?

9

니먼 더 나쇼우 차이 스 션머
你们的拿手菜是什么？
Nǐmen de náshǒu cài shì shénme
여기서 가장 잘하는 요리가 무엇입니까?

10
쩌 거 차이 쩐머 츠
这个菜怎么吃？
Zhè ge cài zěnme chī
이 음식은 어떻게 먹습니까?

11
칭 게이 워 이 뻬이 쉐이
请给我一杯水。
Qǐng gěi wǒ yì bēi shuǐ
물 한 잔 주십시오.

12
츠 미판 하이스 츠 미앤빠오
吃米饭还是吃面包？
Chī mǐfàn háishi chī miànbāo
밥으로 드시겠습니까, 빵으로 드시겠습니까?

13
워 츠 이 완 미판
我吃一碗米饭。
Wǒ chī yì wǎn mǐfàn
저는 밥을 먹겠습니다.

14
짜이 라이 이 핑 피지유
再来一瓶啤酒。
Zài lái yì píng píjiǔ
맥주 한 병 더 주십시오.

15
쩌 스 로우 껀 슈차이 이치 챠오 더
这是肉跟蔬菜一起炒的。
Zhè shì ròu gēn shūcài yìqǐ chǎo de
이것은 고기와 야채를 함께 볶은 것입니다.

16
헌 하오 츠
很好吃。
Hěn hǎo chī
아주 맛이 좋습니다.

17
껀 츄안원 이양 하오 츠
跟传闻一样好吃。
Gēn chuánwén yíyàng hǎochī
듣던대로 맛이 좋습니다.

18
쩌 거 차이 뚸이 워 더 코우웨이
这个菜对我的口味。
Zhè ge cài duì wǒ de kǒuwèi
이 음식은 내 입 맛에 맞습니다.

19
하이 야오 션머 차이
还要什么菜？
Hái yào shénme cài
더 어떤 음식이 필요하십니까?

20
니 허 션머
你喝什么？
Nǐ hē shénme
음료는 무엇으로 하시겠습니까?

21
라이 이핑(뻬이)푸타오지유
来一瓶(杯)葡萄酒。
Lái yì píng bēi pútáojiǔ
와인 한 병(잔) 주십시오.

22
뿌 꼬우 짜이 라이 디앤
不够再来点。
Bú gòu zài lái diǎn
모자라면 더 시키겠습니다.

23
요우 션머 티앤스
有什么甜食？
Yǒu shénme tiántshí
디저트는 무엇이 있습니까?

24
칭 나 샤오즈 라이 하오마
请拿勺子来好吗？
Qǐng ná sháozi lái hǎo ma
숟가락을 갖다 주시겠습니까?

25
하이 야오 덩 마
还要等吗？
Hái yào děng ma
아직 더 기다려야 합니까?

26
커이 취시야오 마
可以取消吗？
Kěyǐ qǔxiāo ma
취소시켜도 됩니까?

27
쩌 부스 워먼 디앤 더
这不是我们点的。
Zhè bú shì wǒmen diǎn de
이것은 주문하지 않았습니다.

- 주문 ·································· 点菜 diǎncài 〔디앤 차이〕
- 메뉴판 ································ 菜单 càidān 〔차이 딴〕
- 밥 ···································· 米饭 mǐfàn 〔미 판〕
- 빵 ···································· 面包 miànbāo 〔미앤 빠오〕
- 국수 ································· 面条 miàntiáo 〔미앤 탸오〕
- 야채 ································· 蔬菜 shūcài 〔슈 차이〕
- 육류 ································· 肉类 ròulèi 〔로우 레이〕
- 해산물 ······························ 海鲜 hǎixiān 〔하이 시앤〕
- 과일 ································· 水果 shuǐguǒ 〔쉐이 구어〕
- 맥주 ································· 啤酒 píjiǔ 〔피 지유〕
- 와인 ································· 葡萄酒 pútáojiǔ 〔푸 타오 지유〕
- 위스키 ······························ 威士忌 wēishìjì 〔웨이 스 지〕
- 젓가락 ······························ 筷子 kuàizi 〔콰이 즈〕
- 숟가락 ······························ 勺子 sháozi 〔샤오 즈〕
- 포크 ································· 叉子 chāzi 〔챠 즈〕
- 칼 ···································· 刀子 dāozi 〔따오 즈〕
- 컵 ···································· 杯子 bēizi 〔뻬이 즈〕
- 접시 ································· 碟子 diézi 〔디에 즈〕
- 오목그릇 ···························· 碗 wǎn 〔완〕
- 이쑤시개 ···························· 牙签 yáqiān 〔야 치앤〕

중국의 대표적인 4가지 요리의 특징을 살펴보면 북경요리는 추운 지방이기 때문에 칼로리가 높은 것이 특징이며 육류요리가 많은데 그중 북경 오리구이(烤鸭-카오야)는 매우 유명하다. 상해요리는 지역의 특징상 해산물요리가 많다. 뭐니뭐니 해도 상해게는 가장 크고 맛도 좋다. 사천요리는 매운 것이 특징이며 광동요리는 맛과 재료의 풍부함, 다양한 조리법으로 세계에 널리 알려져 있다.

A : 你们吃什么？
Nǐmen chī shénme
니먼 츠 션머

B : 你们的拿手菜是什么？
Nǐmen de náshǒu cài shì shénme
니먼 더 나쇼우 차이 스 션머

A : 四川菜做得不错。
Sìchuān cài zuò de bú cuò
쓰츄안 차이 쭈어 더 뿌 추어

B : 要一个铁板牛肉，一盘生菜，再要一碗米饭。
Yào yí ge tiě bǎn niú ròu　　yì pán shēngcài　　zài yào yì wǎn mǐfàn
야오 이거 티에반 니유로우 이판 성차이 짜이 야오 이완 미판

A : 你喝点儿什么？
Nǐ hē diǎnr shénme
니 허 디얼 션머

B : 我喝啤酒。
Wǒ hē píjiǔ
워 허 피지유

A : 무엇을 드시겠습니까?

B : 여기서 가장 잘하는 요리가 무엇입니까?

A : 이곳은 사천요리를 잘 합니다.

B : 철판 쇠고기와 상추, 그리고 밥 한 공기를 주십시오.

A : 음료는 뭘로 하시겠습니까?

B : 맥주로 하겠습니다.

식 사 吃饭
chī fàn

눈에 띄는 기본표현

A : 어서 오십시오. 주문하세요.

欢迎光临。请点菜。
Huānyíng guānglín　Qǐng diǎn cài

환잉 꽝린 칭 디앤 차이

B : 햄버거1) 하나와 콜라 한 잔 주십시오.

请给我一个汉堡和一杯可乐。
Qǐng gěi wǒ yí ge hànbǎo hé yì bēi kělè

칭 게이 워 이거 한빠오 허 이뻬이 커러

☆ ☆ ☆ ☆ ☆

A : 다른 필요한 것 없으십니까?

还需要其他的吗?
Hái xūyào　qítā　de ma

하이 쉬야오 치타 더 마

B : 없습니다.2)

不要。
Bú yào

뿌 야오

활용

1)― ① 치즈버거 **起士汉堡**
　　　　　qǐshì　hànbǎo

　　② 샌드위치 **三明治**
　　　　　sānmíngzhì

2)― ① 프라이드 포테이토 더 주십시오. **再来薯条。**
　　　　　Zài lái shǔ tiáo

吃饭

1

나 이거 싼밍즈 허 이뻬이 카페이

拿一个三明治和一杯咖啡。

Ná yí ge sānmíngzhì hé yì bēi kāfēi

샌드위치와 커피 한 잔 주십시오.

2

닌 허 션머 인랴오

您喝什么饮料？

Nín hē shénme yǐnliào

음료는 무엇으로 하시겠습니까?

3

짜이 쩌얼 츠 하이스 따이조우

在这儿吃还是带走？

Zài zhèr chī háishi dài zǒu

여기서 드시겠습니까, 아니면 가져 가시겠습니까?

4

따이조우

带走。

Dài zǒu

가져 가겠습니다.

5

칭원 시관 짜이 나알

请问，吸管在哪儿？

Qǐngwèn xīguǎn zài nǎr

실례지만, 빨대가 어디에 있지요?

6

칭 뚜어 게이 워 찬진즈

请多给我餐巾纸。

Qǐng duō gěi wǒ cānjīnzhǐ

냅킨을 좀 더 주십시오.

7

니 디앤더 또우 하오 러

你点的都好了。

Nǐ diǎn de dōu hǎo le

주문하신 것이 다 나왔습니다.

8

짜이 얼로우 요 메이요우 쭈어웨이

在二楼有没有座位？

Zài èr lóu yǒu méiyǒu zuòwèi

2층에 좌석이 있습니까?

9

샤라 쩐머 츠

沙拉怎么吃？

Shālā zěnme chī

샐러드는 어떻게 먹습니까?

- 햄버거 ································· 汉堡 hànbǎo 〔한 빠오〕
- 피자 ··································· 披萨 pīsā 〔피 싸〕
- 샌드위치 ····························· 三明治 sānmíngzhì 〔싼 밍 즈〕
- 핫도그 ······························· 热狗 règǒu 〔러 꼬우〕
- 샐러드 ······························· 沙拉 shālā 〔샤 라〕
- 케찹 ································· 番茄酱 fānqiéjiàng 〔판 치에 지앙〕
- 마요네즈 ························· 美乃滋 měinǎizī 〔메이 나이 쯔〕
- 햄 ·································· 火腿 huǒtuǐ 〔후어 퉤이〕
- 치즈 ································ 奶酪 nǎilào 〔나이 라오〕
- 버터 ······························· 黄油 huángyóu 〔황 요우〕

◎ **음료수의 종류** ··

- 커피 ································· 咖啡 kāfēi 〔카 페이〕
- 콜라 ································· 可乐 kělè 〔커 러〕
- 쥬스 ································· 果汁 guǒzhī 〔구어 즈〕
- 홍차 ································· 红茶 hóngchá 〔홍 챠〕
- 녹차 ································· 绿茶 lǜchá 〔뤼 챠〕
- 자스민차 ···························· 花茶 huāchá 〔화 챠〕
- 사이다 ······························ 汽水 qìshuǐ 〔치 쉐이〕
- 우유 ································· 牛奶 niúnǎi 〔니유 나이〕
- 밀크쉐이크 ·························· 牛昔 niúxī 〔니유 시〕
- 요구르트 ···························· 酸奶 suānnǎi 〔쑤안 나이〕

> **i**
>
> 맥도날드나 롯데리아 등 패스트푸드점이 대도시에 진출해 있어서 가벼운 식사를 할 수가 있으며 그 중 맥도날드는 중국인들이 즐겨찾는 패스트푸드점이고 이 외에도 KFC, Pizza Hut 등이 성업중에 있다.

A : 请给我两个乞司汉堡和两杯橘子水。
Qǐng gěi wǒ liǎng ge qǐsī hànbǎo hé liǎng bēi júzishuǐ
칭 게이 워 량거 치스 한빠오 허 량뻬이 쥐즈쉐이

B : 还需要其他的吗？
Hái xūyào qítā de ma
하이 쉬야오 치타 더 마

A : 请多给我两包蕃茄酱好吗？
Qǐng duō gěi wǒ liǎng bāo fānqiéjiàng hǎo ma
칭 뚜어 게이 워 량빠오 판치에지양 하오 마

B : 请等一下。都做好了。要带走吗？
Qǐngděng yíxià Dōu zuò hǎo le Yào dài zǒu ma
칭 덩 이시아 또우 쭈어 하오 러 야오 따이 조우 마

A : 不，在这儿吃。
Bù zài zhèr chī
뿌 짜이 쩌얼 츠

A : 치즈버거 2개와 오렌지 쥬스 2잔 주십시오.

B : 다른 필요한 것은 없습니까?

A : 토마토 케찹 2개만 더 주시겠어요?

B : 잠깐 기다리십시오. 모두 다 나왔습니다.
포장해 가실 겁니까?

A : 아니요, 여기서 먹을 겁니다.

식 사 吃饭
chī fàn

눈에 띄는 기본표현

A : 모두 얼마입니까?

一共多少钱？
Yígòngduōshaoqián

이꽁 뚜어샤오 치앤

B : 모두 <u>150원</u>1)입니다.

一共是一百五十块。
Yígòng shì yī bǎi wǔ shíkuài

이꽁 스 이바이 우스 콰이

☆ ☆ ☆ ☆ ☆

A : 무엇이 포함된 가격입니까?

都包括什么？
Dōubāokuòshénme

또우 빠오쿠어 션머

B : <u>세금</u>2) 포함입니다.

包括税金。
Bāokuò shuìjīn

빠오쿠어 쉐이찐

활용

1)— ① 72원 5전 七十二块五毛
qī shí èr kuài wǔ máo

② 210원 二百一十块
èr bǎi yī shí kuài

2)— ① 서비스 금액 服务费 ② 음료수 饮料费
fúwùfèi   yǐnliàofèi

吃饭

1 칭 나 쟝딴 라이
请拿帐单来。
Qǐng ná zhàngdān lái
계산서 좀 갖다 주십시오.

2 워 칭 커
我请客。
Wǒ qǐng kè
제가 내겠습니다.

3 펀카이 쑤안 바
分开算吧。
Fēnkāi suàn ba
같이 나누어 계산합시다.

4 커이 용 신용카 마
可以用信用卡吗？
Kěyǐ yòng xìnyòngkǎ ma
카드를 사용할 수 있습니까?

5 워 시양 쨩딴샹 요우 챠추어
我想帐单上有差错。
Wǒ xiǎng zhàngdānshang yǒu chācuò
계산서가 약간 잘못된 것 같습니다.

6 워 메이요우 디앤꾸어 쩌거 차이
我没有点过这个菜。
Wǒ méiyǒu diǎn guo zhè ge cài
이 음식은 시킨 적이 없습니다.

7 쩌얼 쇼우 푸우페이 마
这儿收服务费吗？
Zhèr shōu fúwùfèi ma
이곳은 서비스 금액을 받습니까?

8 츠 더 만이
吃得满意。
Chī de mǎnyì
잘 먹었습니다.

9 시에시에 환잉 짜이 라이
谢谢。欢迎再来。
Xièxie Huānyíng zài lái
고맙습니다. 또 오십시오.

- 계산 .... 结帐 jiézhàng 〔지에 쟝〕
- 계산서 .... 帐单 zhàngdān 〔쟝 딴〕
- 카운터 .... 柜台 guìtái 〔꾸이 타이〕
- 세금 .... 税金 shuìjīn 〔쉐이 진〕
- 서비스요금 .... 服务费 fúwùfèi 〔푸 우 페이〕
- 팁 .... 小费 xiǎofèi 〔샤오 페이〕
- 카드 .... 卡 kǎ 〔카〕
- 신용카드 .... 信用卡 xìnyòngkǎ 〔신 용 카〕
- 현금 .... 现金 xiànjīn 〔시앤 진〕
- 거스름돈 .... 找钱 zhǎoqián 〔쟈오 치앤〕
- 영수증 .... 发票 fāpiào 〔파 퍄오〕
- 영수증 .... 收据 shōujù 〔쇼우 쮜〕
- 한 턱 .... 请客 qǐngkè 〔칭 커〕
- 각자 부담 .... 各付各的 gè fù gè de 〔거 푸 거 더〕
- 웨이터 .... 服务员 fúwùyuán 〔푸 우 위앤〕
- 웨이트리스 .... 小姐 xiǎojie 〔시야오지에〕
- 냅킨 .... 餐巾纸 cānjīnzhǐ 〔찬 진 즈〕

중국은 철저한 주문 식단제이며 계산시 다시 한 번 주문된 음식과 계산서에 기재된 사항 및 가격을 확인한다. 특히 중국에서는 아직까지 우리와 같은 좋은 매너를 보여주고 있지 않으므로 본인 스스로 계산서 내역을 철저히 확인하는 것이 좋다.

A : 可以看一下帐单吗？
Kěyǐ kàn yíxià zhàngdān ma
커이 칸 이시아 쟝딴 마

B : 当然可以。
Dāngrán kěyǐ
땅란 커이

A : 我取消了这个菜。
Wǒ qǔxiāo le zhè ge cài
워 취시야오 러 쩌거 차이

B : 是吗？ 对不起，那么一共一百八十块。
Shì ma Duìbuqǐ nàme yígòng yì bǎi bā shí kuài
스 마 뛔이부치 나머 이꿍 이바이 빠스 콰이

A : 给你两百块。
Gěi nǐ liǎng bǎi kuài
게이 니 량바이 콰이

B : 找你二十快。 欢迎您再来。
Zhǎo nǐ èr shí kuài Huānyíng nín zài lái
쟈오 니 얼스 콰이 환잉 닌 짜이 라이

A : 계산서를 볼 수 있겠습니까?
B : 물론입니다.
A : 이 음식은 취소했는데요.
B : 아, 그렇습니까? 죄송합니다. 그러면 모두 180원입니다.
A : 200원 드리겠습니다.
B : 20원 여기 있습니다. 또 오십시오.

오 락   娱乐
yúlè

눈에 띄는 기본표현

A : 어떤 운동을 좋아하십니까?

你喜欢什么运动?
Nǐ xǐhuān shénme yùndòng

니 시환 션머 윈똥

B : 수영1)을 좋아합니다.

我喜欢游泳。
Wǒ xǐhuān yóuyǒng

워 시환 요우용

☆ ☆ ☆ ☆ ☆

A : 수영복을 빌릴 수 있습니까?2)

可以租游泳衣吗?
Kěyǐ zū yóuyǒngyī ma

커이주 요용이 마

B : 네.

可以。
Kěyǐ

커이

활용

1)— ① 탁구 乒乓球   ② 볼링 保龄球
       pīngpāngqiú   bǎolíngqiú

2)— ① 수영복을 빌릴 수 있습니까? 能借游泳衣吗?
                              Néng jiè yóuyǒngyī ma

   ② 라켓을 빌릴 수 있습니까? 可以借球拍吗?
                          Kěyǐ jiè qiúpāi ma

娱乐

1
판띠앤리 요우 요우용츠 마
饭店里有游泳池吗？
Fàndiàn li yǒu yóuyǒngchí ma
호텔안에 수영장이 있습니까?

2
베이징 요우 까오얼푸치요우 셔뻬이 마
北京有高尔夫球设备吗？
Běijīng yǒu gāo'ěrfūqiú shèbèi ma
북경에 골프 시설이 있습니까?

3
쩌 푸진 요 메이요우 왕치우창
这附近有没有网球场？
Zhè fùjìn yǒu méiyǒu wǎngqiúchǎng
이 근처에 테니스 코트가 있습니까?

4
링와이 하이요우 시에 션머 윈똥 셔뻬이
另外，还有些什么运动设备？
Lìngwài háiyǒu xiē shénme yùndòng shèbèi
그 외에 어떤 운동 시설이 있습니까?

5
빠오링치유창 짜이 나알
保龄求场在哪儿？
Bǎolíngqiúchǎng zài nǎr
볼링장은 어디에 있습니까?

6
총 지 디앤 따오 지 디앤 카이 먼
从几点到几点开门？
Cóng jǐ diǎn dào jǐ diǎn kāi mén
몇 시부터 몇 시까지 문을 엽니까?

7
총 짜오샹 리우 디앤 따오 완샹 지우 디앤 카이 먼
从早上六点到晚上九点开门。
Cóngzǎoshang liù diǎn dào wǎnshang jiǔ diǎn kāi mén
아침 6시부터 밤 9시까지 합니다.

8
바 이푸 춘 나알
把衣服存哪儿？
Bǎ yīfu cún nǎr
옷은 어디에 보관합니까?

9
루챵페이 뚜어샤오 치앤
入场费多少钱？
Rùchángfèi duōshǎo qián
입장료는 얼마입니까?

- 운동 .... 运动 yùndòng 〔윈 똥〕
- 스포츠 .... 体育 tǐyù 〔티 위〕

◎ **스포츠의 종류** ....

- 수영 .... 游泳 yóuyǒng 〔요우 용〕
- 테니스 .... 网球 wǎngqiú 〔왕 치요우〕
- 배드민턴 .... 羽毛球 yǔmáoqiú 〔위 마오 치요우〕
- 축구 .... 足球 zúqiú 〔주 치요우〕
- 탁구 .... 乒乓球 pīngpāngqiú 〔핑 팡 치요우〕
- 배구 .... 排球 páiqiú 〔파이 치요우〕
- 농구 .... 篮球 lánqiú 〔란 치요우〕
- 야구 .... 棒球 bàngqiú 〔빵 치요우〕
- 볼링 .... 保龄球 bǎolíngqiú 〔빠오 링 치요우〕
- 골프 .... 高尔夫球 gāo'ěrfūqiú 〔까오 얼 푸 치요우〕
- 당구 .... 台球 táiqiú 〔타이 치요우〕
- 스키 .... 滑雪 huáxuě 〔화 쉬에〕
- 스케이트 .... 滑冰 huábīng 〔화 삥〕
- 승마 .... 骑马 qímǎ 〔치 마〕
- 육상 .... 田径赛 tiánjìngsài 〔티앤 징 싸이〕
- 체조 .... 体操 tǐcāo 〔티 차오〕

i

중국에서는 이른 아침에 공원에 나와 태극권 기공 등을 연습하는 노인들의 모습을 흔히 볼 수 있으며 탁구는 모두 즐기는 가장 보편적인 운동이며, 축구의 인기 또한 매우 높다. 중국에도 테니스장, 볼링장 뿐 아니라 골프장 등이 많이 생겨 중급 이상의 호텔에서 많이 이용할 수 있다.

A : 饭店里有什么体育设备？
Fàndiàn li yǒu shénme tǐyù shèbèi
판띠앤리 요우 션머 티위 셔뻬이

B : 有游泳池，网球场和乒乓球场。
Yǒu yóuyǒngchí wǎngqiúcháng hé pīngpāngqiúcháng
요우 요우용츠 왕치요우창 허 핑팡 치요우창

A : 网球场到几点开门？
Wǎngqiúcháng dào jǐ diǎn kāi mén
왕치요우창 따오 지 디앤 카이 먼

B : 晚上十点开门。
Wǎnshang shí diǎn kāi mén
완샹 스 디앤 카이 먼

A : 能借球拍吗？
Néng jiè qiúpāi ma
넝 찌에 치요우파이 마

B : 可以。
Kěyǐ
커이

A : 호텔 안에 어떤 체육 시설이 있습니까?

B : 수영장, 테니스 코트, 탁구장이 있습니다.

A : 테니스 코트는 언제까지 합니까?

B : 밤 10시까지 합니다.

A : 라켓도 빌릴 수 있습니까?

B : 네.

오 락　娯乐
yúlè

눈에 띄는 기본표현

A : 경극1)에 관심이 있으십니까?

你对京剧感兴趣吗？　　니 뛔이 찡쮜 간 싱취 마
Nǐ duì jīngjù gǎn xìngqù ma

B : 그렇습니다.

还可以。　　하이 커이
Hái kěyǐ

☆ ☆ ☆ ☆ ☆

A : 재미 있습니까?

有意思吗？　　요우 이쓰 마
Yǒu yìsi ma

B : 매우 재미있습니다.2)

很有意思。　　헌 요우 이쓰
Hěnyǒu yìsi

활용

1)— ① 영화 电影　② 서커스 杂技
　　　　diànyǐng　　　　*zájì*

2)— ① 별로 재미없습니다. 没什么意思。
　　　　　　　　　　　　Méi shénme yìsi

　　② 못 알아듣겠습니다. 我听不懂。
　　　　　　　　　　　　Wǒ tīng bu dǒng

娯乐

1

짜이 나알 넝 칸 찡쥐

在哪儿能看京剧？

Zài nǎr néng kàn jīngjù

어디서 경극을 볼 수 있습니까?

2

시앤짜이 쩡짜이 뱌오이앤 션머

现在正在表演什么？

Xiànzài zhèng zài biǎoyǎn shénme

지금 무엇이 공연되고 있습니까?

3

워 야오 위띵 쭈어웨이

我要预订座位。

Wǒ yào yùdìng zuòwèi

좌석을 예약하려고 합니다.

4

지 디앤 카이 이앤

几点开演？

Jǐ diǎn kāi yǎn

몇 시에 공연이 시작합니까?

5

이앤 따오 지 하오

演到几号？

Yǎn dào jǐ hào

언제까지 공연합니까?

6

땅티앤 퍄오 하이 요우 마

当天票还有吗？

Dāng tiān piào hái yǒu ma

당일표가 아직도 있습니까?

7

이징 마이 꽝 러

已经卖光了。

Yǐjīng mài guāng le

이미 다 팔렸습니다.

8

쩌거 쭈어웨이 짜이 나알

这个座位在哪儿？

Zhè ge zuòwèi zài nǎr

이 좌석은 어디입니까?

9

짜이 나알 마이 퍄오

在哪儿买票？

Zài nǎr mǎi piào

표는 어디에서 삽니까?

- 공연 ··· 演出 yǎnchū 〔이앤 츄〕
- 경극 ··· 京剧 jīngjù 〔찡 쮜〕
- 서커스 ·· 杂技 zájì 〔자 찌〕
- 마술 ··· 魔术 móshù 〔모 슈〕
- 영화 ··· 电影 diànyǐng 〔띠앤 잉〕
- 연극 ··· 话剧 huàjù 〔화 쮜〕
- 뮤지컬 ··· 音乐剧 yīnyuèjù 〔인 위에 쮜〕
- 오페라 ·· 歌剧 gējù 〔꺼 쮜〕
- 발레 ·· 芭蕾舞 bālěiwǔ 〔빠 레이 우〕
- 연주 ··· 演奏 yǎnzòu 〔이앤 쪼우〕
- 주연 ··· 主角 zhǔjiǎo 〔주 쟈오〕
- 감독 ··· 导演 dǎoyǎn 〔따오 이앤〕
- 분장 ··· 脸谱 liǎnpǔ 〔리앤 푸〕
- 대사 ··· 道白 dàobái 〔따오 바이〕
- 극장 ··· 剧场 jùcháng 〔쮜 챵〕
- 영화관 ·· 电影院 diànyǐngyuàn 〔띠앤 잉 위앤〕
- 무대 ··· 舞台 wǔtái 〔우 타이〕
- 좌석 ··· 座位 zuòwèi 〔쭈어 웨이〕
- 입장권 ·· 门票 ménpiào 〔먼 퍄오〕

---

i

경극은 출연자들의 특색있는 노래와 대사, 춤, 특이한 몸동작, 또한 무예가 고루 갖춰진 전통예술로 중국의 오페라라고 할 수 있으며 중국인들의 많은 사랑을 받아 왔다. 중국의 오락을 대표하는 것 중 또하나로 잡기(杂技-자찌)라는 서커스가 있는데 마술, 곡마, 묘기 등 여러 가지 다양한 기예들을 한 곳에 모은 중국 고유의 예술이다.

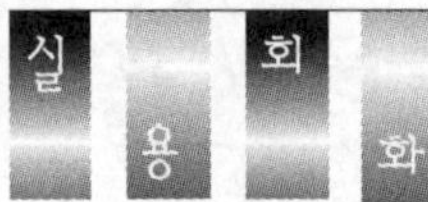

A : 现在在首都剧场演京剧。你去吗？
Xiànzài zài shǒudū jùcháng yǎn jīngjù　　Nǐ qù ma
시앤짜이 짜이 쇼우뚜 쥐챵 이앤 찡쮜　니취마

B : 那太好了。我没看过京剧。这出戏的内容你知道吗？
Nà tài hǎo le　　Wǒ méi kàn guo jīngjù　　Zhè chū xì de nèiróng nǐ zhīdao ma
나 타이 하오 러　워 메이 칸 꾸어 찡쮜 쩌 츄시 더 네이롱 니 쯔따오 마

A : 听说是中国的传统故事。
Tīngshuō shì Zhōngguó de chuántǒng gùshi
팅슈오 스 쫑구어 더 츄안통 꾸스

B : 几点开演？
Jǐ diǎn kāi yǎn
지 디앤 카이 이앤

A : 七点。我们六点见面吧。
Qī diǎn　　Wǒmen liù diǎn jiànmiàn ba
치 디앤 워먼 리우 디앤 찌앤미앤 바

A : 지금 수도극장에서 경극을 공연합니다. 가실 건가요?

B : 정말 잘 되었습니다. 경극을 본적이 없거든요.
극의 내용이 뭔지 아십니까?

A : 중국 전통고사라고 들었습니다.

B : 몇시부터 시작합니까?

A : 7시니까, 6시에 만납시다.

오 락

娱乐
yúlè

눈에 띄는 기본표현

A : 어서 오세요.

欢迎欢迎。
Huānyínghuānyíng

환잉 환잉

B : <u>초대해 주셔서 감사합니다.</u>1)

谢谢您的招待。
Xièxie nín de zhāodài

시에시에 닌 더 쟈오따이

☆ ☆ ☆ ☆ ☆

A : <u>우리의 우정</u>2)을 위해 건배합시다!

为我们的友谊干杯!
Wèiwǒmen de yǒuyì gān bēi

웨이 워먼 더 요우이 깐 뻬이

B : 건배!

干杯!
Gān bēi

깐 뻬이

활용

1) — ① 초대해 주셔서 감사합니다. 谢谢您的邀请。
　　　　　　　　　　　　　　Xièxie nín de yāoqǐng

　　② 실례하겠습니다. 麻烦您。
　　　　　　　　　　Máfán nín

2) — ① 모두의 건강 大家的健康　② 그의 행복 他的幸福
　　　　　　　　dàjiā de jiànkāng　　　　　　　tā de xìngfú

娱乐

오락 121

1

칭 찐 칭 쩌얼 쭈어

请进。请这儿坐。

Qǐng jìn　Qǐng zhèr zuò

들어오세요. 여기 앉으세요.

2

워 쏭 니 이거 샤오 리우 칭 쇼우 시아

我送你一个小礼物。请收下。

Wǒ sòng nǐ yí ge xiǎo lǐwù　Qǐngshōu xià

당신께 작은 선물 하나 하겠습니다. 받으십시오.

3

쩌 거 차이 쭈어 더 헌 하오츠

这个菜做得很好吃。

Zhè ge cài zuò de hěn hǎochī

이 요리 정말 맛있게 만드셨습니다.

4

니먼 비에 커치 시양 짜이 지아 이양

你们别客气，象在家一样。

Nǐmen bié kèqi　xiàng zài jiā yíyàng

사양하지 마시고 집처럼 편히 하십시오.

5

뚜어 츠 시에 바

多吃些吧。

Duō chī xiē ba

많이 드십시오.

6

워 꾸어 더 헌 위콰이

我过得很愉快。

Wǒ guò de hěn yúkuài

아주 즐거운 시간이었습니다.

7

이호우 닌 라이 한구어 스 칭 따오 워지아 라이 쭈어 커

以后您来韩国时，请到我家来做客。

Yǐhòu nín lái Hánguó shí　qǐng dào wǒ jiā lái zuò kè

한국에 오시면 우리 집에 들러 주십시오.

8

가이 조우 러 칭 리우 뿌

该走了，请留步。

Gāi zǒu le　qǐng liúbù

가야겠습니다. 나오지 마십시오.

9

환잉 니 짜이 라이

欢迎你再来。

Huānyíng nǐ zài lái

다시 오시기를 바랍니다.

- 초대 ··· 邀请 yāoqǐng 〔야오 칭〕
- 방문 ··· 访问 fǎngwèn 〔팡 원〕
- 파티 ··· 宴会 yànhuì 〔이앤 훼이〕
- 파티장 ···································· 宴会厅 yànhuìtīng 〔이앤 훼이 팅〕
- 초대장 ···································· 邀请信 yāoqǐngxìn 〔야오 칭 씬〕
- 선물 ··· 礼物 lǐwù 〔리 우〕
- 생일 ··· 生日 shēngrì 〔셩 르〕
- 결혼 ··· 结婚 jiéhūn 〔지에 훈〕
- 건강 ··· 健康 jiànkāng 〔찌앤 캉〕
- 성공 ··· 成功 chénggōng 〔청 꽁〕
- 음식 ··· 饮食 yǐnshí 〔인 스〕
- 음료 ··· 饮料 yǐnliào 〔인 랴오〕
- 케익 ··· 蛋糕 dàngāo 〔딴 까오〕
- 다과 ··· 点心 diǎnxīn 〔디앤 씬〕
- 차 ··· 茶 chá 〔챠〕
- 술 ··· 酒 jiǔ 〔지요우〕
- 건배 ··· 干杯 gān bēi 〔깐 뻬이〕

중국인들은 특별한 사이가 아닌 경우에는 집에 잘 초대하지 않으나 일단 초대를 했을 때에는 음식에서부터 열과 성의를 다하여 대접한다. 초대받았을 때에는 조그마한 선물을 준비해 가는 것이 좋다. 출국하기 전 면세점에서 술이나 우리 나라의 특산품을 구입해 가는 것도 좋을 것이다.

Ａ : 我们先喝酒吧。
Wǒmen xiān hē jiǔ ba
워먼 시앤 허 지요우 바

Ｂ : 这是什么菜？很好吃。
Zhè shì shénme cài　Hěn hǎochī
쩌 스 션머 차이 헌 하오츠

Ａ : 别客气，请随便吃吧。
Bié kèqi　qǐng suíbiàn chī ba
비에 커치 칭 쑤이비앤 츠 바

Ｂ : 不客气。
Bú kèqi
뿌 커치

Ａ : 为我们的友谊干杯!
Wèi wǒmen de yǒuyì gān bēi
웨이 워먼 더 요우이 깐 뻬이

Ｂ : 干杯!
Gān bēi
깐 뻬이

Ａ : 우리 먼저 술을 마십시다.

Ｂ : 이것은 무슨 요리입니까? 정말 맛있는데요

Ａ : 사양하지 마시고 마음껏 드십시오.

Ｂ : 그러겠습니다.

Ａ : 자, 우리의 우정을 위하여 건배합시다!

Ｂ : 건배!

교 통

交 通
jiāotōng

눈에 띄는 기본표현

A : 실례지만 한국 대사관까지 어떻게 갑니까?

请问，到韩国大使馆怎么走？
Qǐngwèn　dàoHánguó dàshǐguǎn zěnme zǒu

칭원 따오 한꾸어 따스관 전머 조우

B : 곧장 앞으로 가세요.1)

一直往前走。
Yìzhí wǎngqiánzǒu

이즈 왕 치앤 조우

☆ ☆ ☆ ☆ ☆

A : 은행2)이 여기서 멉니까?

银行离这儿远吗？
Yínháng lí　zhèr yuǎnma

인항 리 쩌얼 위앤 마

B : 조금 멉니다.

有点儿远。
Yǒudiǎnr yuǎn

요디얼 위앤

활용

1)— ① 왼(오른)쪽으로 도세요. 往左(右)拐。
Wǎng zuǒ　yòu guǎi

② 잘 모르겠습니다. 不太清楚。
Bú tài qīngchu

2)— ① 호텔 饭店　② 천안문 天安门
Fàndiàn　　　　　Tiān'ānmén

1

칭원 바이후어따로우 전머 조우
请问，百货大楼怎么走？
Qǐng wèn　　bǎihuò　dàlóu　zěnme zǒu
말씀 좀 묻겠습니다. 백화점에 어떻게 갑니까?

2

칭 짜이 나비앤 쭈어 공꽁 치처
请在那边坐公共汽车。
Qǐng zài　nà biān zuò gōnggòng　qìchē
저쪽에서 버스를 타세요.

3

따오 훙뤼덩 꾸어 마루
到红绿灯，过马路。
Dào hónglǜdēng　　guò　mǎlù
신호등이 나오면 길을 건너세요.

4

마루 뚜이미앤
马路对面。
Mǎlù　duìmiàn
길 건너편에 있습니다.

5

조우루 하이스 쭈어 처
走路还是坐车？
Zǒu lù　háishi　zuò chē
걸어갑니까, 아니면 차를 탑니까?

6

따 위에 조우 스 펀쭝 찌우 따오 러
大约走十分钟就到了。
Dàyuē　zǒu shí fēn zhōng jiù dào le
10분 정도 걸으면 됩니다.

7

슈띠앤 짜이 션머 띠팡
书店在什么地方？
Shūdiàn zài shénme　dìfang
서점은 어느 곳에 있습니까?

8

슈띠앤 짜이 투슈관 팡비앤
书店在图书馆旁边。
Shūdiàn zài　túshūguǎn　pángbiān
서점은 도서관 옆에 있습니다.

9

나 거 스 인항
哪个是银行？
Nǎ　ge　shì yínháng
어느 것이 은행입니까?

- 큰 길 .... 马路 mǎlù 〔마 루〕
- 고속도로 .... 高速公路 gāosù gōnglù 〔까오 쑤 꽁 루〕
- 일방 통행로 .... 单行道 dānxíngdào 〔딴 싱 따오〕
- 사거리 .... 十字路口 shízì lùkǒu 〔스 쯔 루 코우〕
- 인도 .... 人行道 rénxíngdào 〔런 씽 따오〕
- 횡단 보도 .... 人行横道 rénxíng héngdào 〔런씽 헝따오〕
- 건널목 .... 平交道 píngjiāodào 〔핑 찌아오 따오〕
- 지하도 .... 地下道 dìxiàdào 〔띠 시아 따오〕
- 입체 교차로 .... 立交桥 lìjiāoqiáo 〔리 찌아오 치아오〕
- 신호등 .... 红绿灯 hónglǜdēng 〔홍 뤼 떵〕
- 육교 .... 天桥 tiānqiáo 〔티앤 치아오〕
- 앞쪽 .... 前边 qiánbiān 〔치앤 비앤〕
- 뒤쪽 .... 后边 hòubiān 〔호우 비앤〕
- 옆 .... 旁边 pángbiān 〔팡 비앤〕
- 가운데 .... 中间 zhōngjiān 〔쭝 지앤〕
- 왼쪽 .... 左边 zuǒbiān 〔쭈어 비앤〕
- 오른쪽 .... 右边 yòubiān 〔요우비앤〕

중국여행 중의 가장 기본은 그 지방의 지도를 사는 일이다. 서점이나 신문 판매대에서 살 수 있으면 비교적 상세하게 되어 있어서 길을 찾기 쉽다. 혹시 길을 잃었을 경우 말이 통하지 않더라도 당황하지 말고 한자로 쓰거나 전세계 공통어인 바디 랭귀지를 이용하자.

A : 请问，到北京饭店怎么走？
Qǐng wèn　　dào Běijīng fàndiàn zěnme zǒu
칭원 따오 베이징 판띠앤 전머 조우

B : 过十字路口，还往前走。
Guò shízì　 lùkǒu　　 hái wǎngqián zǒu
꾸어 스쯔루코우 하이 왕 치앤 조우

A : 离这儿远不远？
Lí　 zhèr　 yuǎn bu yuǎn
리 쩌얼 위앤 뿌 위앤

B : 不太远。
Bú　 tài yuǎn
부 타이 위앤

A : 要不要坐车？
Yào bu yào zuò chē
야오 뿌 야오 쭈어 처

B : 不用。走路也可以。
Bú yòng　 Zǒu lù yě　 kěyǐ
뿌용 조우 루 예 커이

A : 실례합니다만, 북경 호텔까지 어떻게 갑니까?

B : 사거리를 지나서 앞으로 조금 더 가세요.

A : 여기서 멉니까?

B : 그리 멀지 않습니다.

A : 차를 타야 됩니까?

B : 필요 없습니다. 걸어가도 됩니다.

교 통　交 通
jiāotōng

눈에 띄는 기본표현

A : 어서 오세요.

欢迎您来。　　　　　　　환잉 닌 라이
Huānyíng nín lái

B : 상해로 가는 기차표 한 장 주세요.1)

请给我一张去上海的火车票。
Qǐng gěi wǒ yì zhāng gù Shànghǎi de huǒchēpiào
칭 게이워 이짱취 샹하이더 후어처퍄오

☆ ☆ ☆ ☆ ☆

A : 어느 역에서 타야2) 합니까?

在哪儿乘车？　　　　　　짜이 나알 청처
Zài nǎr chéngchē

B : 다음 역입니다.

下站。　　　　　　　　　시아 짠
Xiàzhàn

활용

1)— ① 건국문까지 가는 표 한 장 주십시오. 我要一张到建国门的票。
Wǒ yào yì zhāng dào Jiànguómén de piào

② 내일 상해 가는 기차표가 있습니까? 有没有明天去上海的火车票？
Yǒu méiyǒu míngtiān qù Shànghǎi de huǒchēpiào

2)— ① 내리다 下车　② 갈아타다 换车
xià chē　　　　　　huàn chē

交通

1

쇼우퍄오츄 짜이 나알
售票处在哪儿？
Shòupiàochù zài nǎr
매표소가 어디입니까?

2

취 칭따오더 퍄오 짜이 나알 마이
去青岛的票在哪儿买？
Qù Qīngdǎo de piào zài nǎr mǎi
청도가는 기차표는 어디서 삽니까?

3

취 베이징 짠 뚜어샤오 치앤
去北京站多少钱？
Qù Běijīng zhàn duōshao qián
북경역까지 얼마입니까?

4

라이 훼이 퍄오 뚜어샤오 치앤
来回票多少钱？
Láihuípiào duōshao qián
왕복 요금은 얼마입니까?

5

지디앤 요우 따오 시안더 후어처
几点有到西安的火车？
Jǐ diǎn yǒu dào Xī'ān de huǒchē
서안가는 기차가 언제 있습니까?

6

짜오샹 치디앤 요우 우스얼츠 콰이처
早上七点有五十二次快车。
Zǎoshang qī diǎn yǒu wǔ shí èr cì kuàichē
아침 7시에 52호 급행 열차가 있습니다.

7

메이요우 완 이디앤 츄파더 마
没有晚一点出发的吗？
Méiyǒu wǎn yì diǎn chūfā de ma
조금 더 늦게 출발하는 기차가 있습니까?

8

니 야오 루안워 하이스 잉워
你要软卧，还是硬卧？
Nǐ yào ruǎn wò háishi yìng wò
부드러운 침대칸을 원하십니까, 아니면 딱딱한 침대칸을 원하십니까?

9

칭 게이워 따오 챠오양먼더 량짱 따런퍄오 이짱 샤오할퍄오
请给我到朝阳门的，两张大人票，一张小孩儿票。
Qǐng gěi wǒ dào Cháoyángmén de liǎng zhāng dàrenpiào yì zhāng xiǎoháirpiào
조양문까지 어른표 2장, 어린이표 1장 주세요.

10

따오 신지에코우짠 야오 짜이 나이거 처짠 환처

到新街口站要在哪一个车站换车？

Dào xīnjiēkǒu zhàn yào zài nǎ yí ge chēzhàn huàn chē

신가구역에 가려면 어디에서 갈아탑니까?

11

션머 스호우 따오다 지린

什么时候到达吉林？

Shénme shíhou dàodá Jílín

언제 길림에 도착합니까?

12

띠얼티앤 시아우 량디앤 따오

第二天下午两点到。

Dìèrtiān xiàwǔ liǎng diǎn dào

다음날 오후 2시에 도착합니다.

13

지앤 퍄오 스지앤 하이 메이따오 마

检票时间还没到吗？

Jiǎn piào shíjiān hái méi dào ma

개표 시간이 아직 되지 않았습니까?

14

총 얼하오 지앤퍄오코우 진취

从二号检票口进去。

Cóng èr háo jiǎn piào kǒu jìn qù

2번 개표구로 들어가십시오.

15

취 티앤진 총 지하오 짠타이 파처

去天津从几号站台发车？

Qù Tiānjīn cóng jǐ háo zhàntái fā chē

천진가는 기차는 몇 번 플랫폼에서 출발합니까?

16

워더 쭈어웨이 짜이 나알

我的座位在哪儿？

Wǒ de zuòwèi zài nǎr

제 자리는 어디입니까?

17

시아 이 짠 스 나알

下一站是哪儿？

Xià yí zhàn shì nǎr

다음 역은 어디입니까?

18

시앤짜이 징꾸어 나알

现在经过哪儿？

Xiànzài jīngguò nǎr

지금 지나는 곳은 어디입니까?

19

워 꾸어짠 러
我过站了。
Wǒ guòzhàn le
역을 지나쳤습니다.

20

찬처 총 지디앤 잉이예
餐车从几点营业？
Cānchē cóng jǐ diǎn yíngyè
식당차는 몇 시에 문을 엽니까?

21

짜이 쩌얼 커이 시이앤 마
在这儿可以吸烟吗？
Zài zhèr kěyǐ xīyān ma
여기서 담배를 피워도 됩니까?

22

워 띠우러 처퍄오
我丢了车票。
Wǒ diū le chēpiào
차표를 잃어버렸습니다.

23

넝 투이 퍄오 마
能退票吗？
Néng tuì piào ma
표를 반환해도 됩니까?

24

따오 치앤먼 야오 뚜어샤오 스지앤
到前门要多少时间？
Dào Qiánmén yào duōshao shíjiān
전문까지 얼마나 걸립니까?

25

커이 쫑투 시아 처 마
可以中途下车吗？
Kěyǐ zhōngtú xià chē ma
도중에 내려도 됩니까?

26

푸씽먼 처짠 찌우 야오 따오 러 시아처더 청커 칭 닌 쭈어하오 준뻬이
复兴门车站就要到了。下车的乘客，请您作
Fùxīngmén chēzhàn jiù yào dào le　　Xià chē de chéngkè　　qǐng nín zuò

好准备。
hǎo zhǔnbèi
복흥문역입니다. 내리실 분은 미리 준비해 주시기 바랍니다.

- 기차 ··· 火车 huǒchē〔후어 처〕
- 지하철 ··· 地铁 dìtiě〔띠 티에〕
- 철도 ··· 铁路 tiělù〔티에 루〕
- 지하철 노선도 ·················· 地铁路线图 dìtiě lùxiàntú〔띠티에 루시앤투〕
- 예매 ··· 预售 yùshòu〔위 쇼우〕
- 왕복 ······························· 往返 / 来回 wǎngfǎn/láihuí〔왕 판 / 라이 훼이〕
- 특급 ··· 特快 tèkuài〔터 콰이〕
- 급행 열차 ··· 快车 kuàichē〔콰이 처〕
- 완행 열차 ··· 慢车 mànchē〔만 처〕
- 식당차 ··· 餐车 cānchē〔찬 처〕
- 침대차(부드러운 침대) ··· 软卧 ruǎnwò〔루안 워〕
       (딱딱한 침대) ··· 硬卧 yìngwò〔잉 워〕
- 좌석차(부드러운 좌석) ··· 软座 ruǎnzuò〔루안 쭈어〕
       (딱딱한 좌석) ··· 硬座 yìngzuò〔잉 쭈어〕
- 금연석 ··· 禁烟席 jìnyānxí〔진 이앤 시〕
- 흡연석 ··· 吸烟席 xīyānxí〔시 이앤 시〕
- 차장 ··· 车长 chēzhǎng〔처 쟝〕
- 플랫폼 ······················· 站台/月台 zhàntái/yuètái〔짠 타이/위에 타이〕
- 역 ··· 车站 chēzhàn〔처 짠〕
- 출발역 ··· 始发站 shǐfāzhàn〔스 파 짠〕
- 종착역 ··· 终点站 zhōngdiǎnzhàn〔쫑 디앤 짠〕

> **i**
>
> 　중국의 기차는 소요시간에 따라 特快(터 콰이), 直快(즈 콰이), 快客(콰이 커), 普普客(푸 커) 등 客(커)로 나뉘며 좌석은 软卧(루안 워 : 부드러운 침대), 硬卧(잉 워 : 딱딱한 침대), 软座(루안 쭈어 : 부드러운 좌석), 硬座(잉 쭈어 : 딱딱한 좌석)로 나뉜다. 또한 지하철은 북경과 상해에 있으나 아직은 대중교통으로서의 이용도가 낮은 편이다.

A : 有没有明天去无锡的火车票？
Yǒu méiyǒu míngtiān qù Wúxī de huǒchēpiào
요 메이요우 밍티앤 취 우시더 후어처퍄오

B : 没有。后天的有。
Méiyǒu Hòutiān de yǒu
메이요우 호우티앤더 요우

A : 好的。给我一张硬卧票。
Hǎo de Gěi wǒ yì zhāngyìng wò piào
하오더 게이 어 이짱 잉워퍄오

B : 你要上铺还是下铺？
Nǐ yào shàng pū háishi xià pū
니 야오 샹푸 하이스 시아푸

A : 无所谓。票价是多少？
Wú suǒ wèi Piàojià shì duōshao
우쑤어웨이 퍄오지아 스 뚜어샤오

B : 软卧是一百二十块，硬卧是九十块。
Ruǎn wò shì yī bǎi èr shí kuài yìng wò shì jiǔ shí kuài
루안워 스 이바이얼스콰이 잉워 스 지우스콰이

A : 내일 무석으로 가는 기차표가 있습니까?

B : 없는데요. 모레 표는 있습니다.

A : 좋습니다. 딱딱한 침대표를 한 장 주십시오.

B : 위쪽으로 드릴까요, 아니면 아래쪽으로 드릴까요?

A : 상관 없습니다. 얼마입니까?

B : 부드러운 침대표는 120원, 딱딱한 침대표는 90원입니다.

교 통

交通
jiāotōng

눈에 띄는 기본표현

A : <u>이 버스가 서단에 갑니까?</u>1)

这路汽车去西单吗？
Zhè lù qìchē qù Xīdān ma

쩌 루 치처 취 시딴 마

B : 갑니다. / 가지 않습니다.

去。 / 不去。
Qù   Bú qù

취 / 부취

☆ ☆ ☆ ☆ ☆

A : <u>북경대학</u>2)에 가려면 몇 번 버스를 탑니까?

到北京大学坐几路车？
DàoBěijīng Dàxué zuò jǐ lù chē

따오 베이징 따쉬에 쭈어 지루 처

B : 30번을 타십시오.

坐三十路吧。
Zuòsān shí lù ba

쭈어 싼스 루 바

활용

1)— ① 3번 버스는 서단에 갑니까？ 三路汽车到西单吗？
San lù qìche dào Xīdān ma

2)— ① 북경역 北京站
Běijīng zhàn

② 고궁 故宫
gùgōng

交通

1
공꽁 치쳐짠 짜이 나알
公共汽车站在哪儿？
Gōnggòng qìchēzhàn zài nǎr
버스 타는 곳은 어디입니까?

2
쩌얼 요우 따오 왕푸징더 공꽁 치처 마
这儿有到王府井的公共汽车吗？
Zhèr yǒu dào Wángfǔjǐng de gōnggòng qìchē ma
여기 왕부정에 가는 버스가 있습니까?

3
쩌 루 치처 취 나알
这路汽车去哪儿？
Zhè lù qìchē qù nǎr
이 버스는 어디 갑니까?

4
따오 티앤안먼 짜이 나알 시아 처
到天安门在哪儿下车？
Dào Tiān'ānmén zài nǎr xià chē
천안문에 가려면 어디서 내립니까?

5
하이 요우 지 짠
还有几站？
Hái yǒu jǐ zhàn
아직 몇 정거장 남았습니까?

6
워 야오 마이 퍄오
我要买票。
Wǒ yào mǎi piào
버스표를 주세요.

7
따오 짠 칭 까오쑤 워
到站请告诉我。
Dào zhàn qǐng gàosu wǒ
도착하면 알려 주십시오.

8
워 샹추어 처 러
我上错车了。
Wǒ shàng cuò chē le
버스를 잘못 탔습니다.

9
워 야오 시아처 랑 이 랑
我要下车，让一让。
Wǒ yào xià chē ràng yi ràng
제가 내려야 합니다, 비켜 주세요.

- 버스 ………………………………… 公共汽车 gōnggòng qìchē 〔꽁공 치처〕
- 소형버스 ……………………… 小公共汽车 xiǎo gōnggòng qìchē 〔샤오 꽁공 치처〕
- 관광버스 …………………………………… 游览车 yóulǎnchē 〔요우 란 처〕
- 장거리 버스 ……………………………… 长途汽车 chángtú qìchē 〔챵투 치처〕
- 리무진 버스 ……………………………… 民航班车 mínhángbānchē 〔민 항 반 처〕
- 버스정류장 ………………… 公共汽车站 gōnggòng qìchēzhàn 〔꽁공 치처 짠〕
- 주차장 …………………………………… 停车场 tíngchēcháng 〔팅 처 챵〕
- 운전기사 ……………………………………………… 司机 sījī 〔쓰 지〕
- 매표원 ………………………………… 售货员 shòuhuòyuán 〔쇼우 후어 위앤〕
- 매표원 ………………………………… 售票员 shòupiàoyuán 〔쇼우 퍄오 위앤〕
- 매표소 …………………………………… 售票处 shòupiàochù 〔쇼우 퍄오 츄〕
- 표 …………………………………………………… 票 piào 〔피야오〕
- 차비 ……………………………………………… 车费 chēfèi 〔처 페이〕
- 좌석 …………………………………………… 座位 zuòwèi 〔쭈어 웨이〕
- 첫 차 ………………………………………… 头班车 tóubānchē 〔토우 반 처〕
- 막 차 ………………………………………… 末班车 mòbānchē 〔모어 반 처〕
- 시간표 ……………………………… 时间表 shíjiānbiǎo 〔스 지앤 뱌오〕

ⓘ
중국의 버스는 일반버스와 두 대가 나란히 연결되어 있는 버스, 우리의 봉고차만한 소형버스, 이층버스, 전기로 운행되는 전차가 있다. 일반버스에는 안내원이 있으며 요금은 구간에 따라 틀리는데 3角(지야오)가 일반적인 요금이다.

Ａ : 我买两张票。
Wǒ mǎi liǎng zhāng piào
워 마이 량 짱 퍄오

Ｂ : 哪儿上的？
Nǎr shàng de
나알 샹 더

Ａ : 前一站。
Qián yí zhàn
치앤 이 짠

Ｂ : 去哪儿？
Qù nǎr
취 나알

Ａ : 去北京站在哪儿下车？
Qù Běijīng zhàn zài nǎr xià chē
취 베이징짠 짜이 나알 시아 처

Ｂ : 在下站下然后换 52路吧。
Zài xià zhàn xià ránhòu huàn wǔshí'èr lù ba
짜이 시아짠 시아 란호우 환 우스얼루 바

Ａ : 표 2장 주십시오.

Ｂ : 어디에서 타셨습니까?

Ａ : 한 정거장 전에서 탔습니다.

Ｂ : 어디 가십니까?

Ａ : 북경역에 가는데 어디에서 내려야 하나요?

Ｂ : 다음역에서 내려서 52번으로 갈아 타십시오.

교통　交通
jiāotōng

눈에 띄는 기본표현

A : 어디까지 가십니까?

你去哪儿？
Nǐ qù nǎr

니 취 나알

B : <u>공항에 갑니다.</u>1)

去机场。
Qù jīchǎng

취 지챵

☆ ☆ ☆ ☆ ☆

A : <u>호텔 앞 쪽에</u>2) 세워 주십시오.

请在饭店前边停一下。
Qǐng zài fàndiànqiánbiāntíng yíxià

칭 짜이 판디앤 치앤비앤 팅 이시아

B : 알겠습니다.

好的。
Hǎo de

하오 더

활용

1)— ① 공항으로 가 주십시오. 请到机场。
　　　　　　　　　　　　　　Qǐng dào jīchǎng

　② 공항까지 가 주시겠습니까? 到机场好吗？
　　　　　　　　　　　　　　　Dào jīchǎng hǎo ma

2)— ① 입구 入口　　② 횡단보도 人行横道
　　　　　　rùkǒu　　　　　　　　rénxíng héngdào

1
츄주 치처짠 짜이 나알
出租汽车站在哪儿？
Chūzū　qìchēzhàn zài　nǎr
택시 정류장은 어디입니까?

2
쩌리 넝 쭈어 츄주 치처 마
这里能坐出租汽车吗？
Zhè　li　néng zuò　chūzū　qìchē　ma
여기서 택시를 잡을 수 있습니까?

3
칭 따오 쩌거 띠즈
请到这个地址。
Qǐng dào zhè ge　dìzhǐ
이 주소로 가 주십시오.

4
칭 짜이 쩌얼 팅 이시아
请在这儿停一下。
Qǐng zài　zhèr　tíng yíxià
여기서 세워 주십시오.

5
칭 짜이 쩌얼 덩 이시아
请在这儿等一下。
Qǐng zài　zhèr　děng yíxià
여기서 기다려 주십시오.

6
칭 팡 콩티야오
请放空调。
Qǐngfàngkōngtiáo
에어컨을 켜 주십시오.

7
칭 콰이 디얼
请快点儿。
Qǐngkuài diǎnr
빨리 가 주십시오.

8
따오 지창 뚜어샤오 치앤
到机场多少钱？
Dào jīchǎng duōshao qián
공항까지 얼마입니까?

9
게이 니 우스위앤 런민삐 니 쟈오더 카이 마
给你五十元人民币，你找得开吗？
Gěi nǐ　wǔ　shí yuán　rénmínbì　　　nǐ zhǎo de　kāi ma
여기 50원인데, 거스름돈 있습니까?

- 택시 .... 出租汽车 chūzū qìchē〔츄주 치처〕
- 승합택시 .... 面的 miàndí〔미앤 디〕
- 택시 정류장 .... 出租汽车站 chūzū qìchēzhàn〔츄주 치처 짠〕
- 택시 운전사 .... 出租车司机 chūzūchē sījī〔츄주처 쓰 지〕
- 교통 .... 交通 jiāotōng〔쟈오 통〕
- 교통 표지 .... 交通标志 jiāotōng biāozhì〔쟈오 통 뱌오 즈〕
- 교통 신호 .... 交通信号 jiāotōng xìnhào〔쟈오 통 씬 하오〕
- 교통 체증 .... 交通阻塞 jiāotōng zǔsè〔쟈오 통 주 써〕
- 교통 경찰 .... 交通警察 jiāotōng jǐngchá〔쟈오 통 징 챠〕
- 교통 수단 .... 交通工具 jiāotōng gōngjù〔쟈오 통 꽁 쥐〕
- 주소 .... 地址 dìzhǐ〔띠 즈〕
- 에어컨 .... 空调 kōngtiáo〔콩 티야오〕
- 히터 .... 暖气 nuǎnqì〔누안 치〕
- 심야 .... 深夜 shēnyè〔선 이예〕
- 요금 .... 车费 chēfèi〔처 페이〕
- 거스름돈 .... 找钱 zhǎoqián〔쟈오 치앤〕

ⓘ 　중국의 택시는 크게 두 종류로 나뉘는데 일반적인 택시인 出租汽车(츄주 치처)와 面的(미앤 띠)로 나뉜다. 面的는 식빵과 같이 생겼다 하여 붙여진 이름으로 요금이 싸나 안전성에 문제가 있으며 손님과 운전석 사이에 칸막이가 되어 있다. 관광객들이 이용하기에 아주 편리한 교통 수단으로 탈 때 주의할 점은 북경 등의 대도시는 미터기로 요금을 받으나 작은 도시에서는 타기 전에 값을 흥정하고 타지 않으면 비싼 요금을 요구하는 수가 있다.

Ａ : 请到友谊商店去。
Qǐng dào Yǒuyì shāngdiàn qù
칭 따오 요우이 상띠앤 취

天气很冷。可以放暖气吗？
Tiānqì hěn lěng   Kěyǐ fàng nuǎnqì ma
티앤치 헌 렁 커이 팡 누안치 마

Ｂ : 好的。
Hǎo de
하오 더

Ａ : 离这儿得多长时间？
Lí   zhèr   děi duō cháng shíjiān
리 쩌얼 데이 뚜어창 스지앤

Ｂ : 大概半个小时。
Dàgài bàn ge xiǎoshi
따까이 반거 샤오스

Ａ : 六点有约会，请快点儿。
Liù diǎn yǒu yuēhuì   qǐngkuài diǎnr
리우 디앤 요우 위애훼이 칭 콰이 디얼

Ａ : 우의 상점으로 가 주십시오
날씨가 추운데 히터를 켜 주실 수 있습니까?

Ｂ : 알겠습니다.

Ａ : 여기서 얼마나 걸립니까?

Ｂ : 약 30분 정도 걸립니다.

Ａ : 여섯 시에 약속이 있으니 빨리 가 주십시오

교 통 交通
jiāotōng

눈에 띄는 기본표현

A : 어서 오십시오.
欢迎您来。
Huānyíng nín lái
환잉 닌 라이

B : <u>자전거를 빌리고 싶습니다.</u>1)
我想租自行车。
Wǒ xiǎng zū zìxíngchē
워 시앙 주 쯔싱처

☆ ☆ ☆ ☆ ☆

A : <u>한 시간</u>2)에 얼마입니까?
一小时多少钱？
Yì xiǎoshi duōshaoqián
이 샤오스 뚜어샤오 치앤

B : 50원입니다.
五十块钱。
Wǔ shí kuàiqián
우스 콰이 치앤

활용

1)— ① 차를 빌리고 싶습니다. 我想租小汽车。
Wǒ xiǎng zū xiǎo qìchē

② 여기서 자전거를 빌릴 수 있습니까? 在这儿可以租自行车吗？
Zài zhèr kěyǐ zū zìxíngchē ma

2)— ① 하루 一天 ② 반나절 半天
Yì tiān　　Bàn tiān

交通

1
워 시앙 주 이량 쯔싱쳐
我想租一辆自行车。
Wǒ xiǎng zū yí liàng zìxíngchē
자전거를 한 대 빌리고 싶습니다.

2
게이 워 칸 이시아 지아거뱌오
给我看一下价格表。
Gěi wǒ kàn yíxià jiàgébiǎo
요금표를 보여 주십시오.

3
야오 부 야오 야진
要不要押金？
Yào bu yào yājīn
보증금이 필요합니까?

4
뿌 빠오 쿠어 치요우페이 마
不包括汽油费吗？
Bù bāokuò qìyóufèi ma
휘발유 값은 포함되어 있지 않습니까?

5
요 메이요우 비에더
有没有别的？
Yǒu méiyǒu bié de
다른 것은 없습니까?

6
워 시환 쩌량 쯔싱처(처)
我喜欢这辆自行车(车)。
Wǒ xǐhuān zhè liàng zìxíngchē chē
이 자전거(차)가 마음에 듭니다.

7
워 야오 주 쩌량 쯔싱처(처)
我要租这辆自行车(车)。
Wǒ yào zū zhè liàng zìxíngchē chē
이 자전거(차)로 빌리겠습니다.

8
워 데이 짜이 션머 스호우 환 처
我得在什么时候还车？
Wǒ děi zài shénme shíhou huán chē
언제 돌려줘야 합니까?

9
빠오 이티앤 스 뚜어샤오 치앤
包一天是多少钱？
Bāo yì tiān shì duōshao qián
하루 빌리는 데 얼마입니까?

- 자전거 ··· 自行车 zìxíngchē 〔쯔 싱 처〕
- 자동차 ·· 汽车 qìchē 〔치 처〕
- 승용차 ·· 小汽车 xiǎo qìchē 〔샤오 치 처〕
- 오토바이 ·· 摩托车 mótuōchē 〔모 투어 처〕
- 타이어 ·· 车胎 chētāi 〔처 타이〕
- 렌트 ··· 租 zū 〔주〕
- 렌터카 ··· 租汽车 zūqìchē 〔주 치 처〕
- 렌트료 ·· 租价 zūjià 〔주 지아〕
- 요금표 ·· 价格表 jiàgébiǎo 〔지아 거 뱌오〕
- 카달로그 ·· 目录表 mùlùbiǎo 〔무 루 뱌오〕
- 보험 ··· 保险 bǎoxiǎn 〔빠오 시앤〕
- 보증금 ··· 押金 yājīn 〔야 진〕
- 휘발유 ··· 汽油 qìyóu 〔치 요우〕
- 주유소 ·· 加油站 jiāyóuzhàn 〔지아 요우 짠〕
- 운전 ······················· 开车 / 驾驶 kāichē / jiàshǐ 〔카이 처 / 지아 스〕
- 운전 면허증 ······················ 驾驶执照 jiàshǐ zhízhào 〔지아스 즈쟈오〕
- 국제 면허 ········· 国际驾驶执照 guójì jiàshǐ zhízhào 〔구어지 지아스 즈쟈오〕

i

자전거는 중국인들의 가장 보편적인 수단이다. 북경(北京)의 경우 길이 평평하고 러시아워의 영향을 받지 않기 때문에 시민의 발로 애용되고 있으며 자전거에도 등록번호가 뒤에 붙어 있고 세금을 내며 엄격한 도로규칙을 적용한다. 중국의 교통 상황은 그리 좋지 않으므로 중국의 지리를 모르는 사람일 경우 렌터카는 별로 좋지 않다.

A : 我想租一辆自行车。
Wǒ xiǎng zū yí liàng zìxíngchē
워 시앙 주 이량 쯔싱처

B : 行。自己挑一下。
Xíng　Zìjǐ tiāo yíxià
씽 쯔지 탸오 이시아

A : 车胎没气了。换别的吧。
Chētāi méi qì le　Huàn bié de ba
처타이 메이 치 러　환 비에더 바

租一个小时多少钱？
Zū yí ge xiǎoshi duōshao qián
주 이거 시야오스 뚜어샤오 치앤

B : 十块。到九点要还车。
Shí kuài　Dào jiǔ diǎn yào huán chē
스 콰이 따오 지우 디앤 야오 환 처

A : 자전거를 한 대 빌리고 싶습니다.

B : 좋습니다. 직접 고르십시오.

A : 타이어에 바람이 없군요. 다른 걸로 바꿔 주십시오.
　　한 시간 빌리는데 얼마입니까?

B : 10원입니다. 9시까지는 돌려 주셔야 합니다.

여 행 旅行
lǚxíng

눈에 띄는 기본표현

A : 이 좌석은 어디입니까?
这个座位在哪儿？
Zhè ge zuòwèi zài　nǎr
쩌 거 쭈어웨이 짜이 나알

B : 이쪽1)입니다.
在这儿。
Zài　zhèr
짜이 쩌얼

☆ ☆ ☆ ☆ ☆

A : 무엇을 드시겠습니까?
您要喝什么？
Nínyào hē shénme
닌 야오 허 션머

B : 물을 주십시오.2)
我要水。
Wǒyàoshuǐ
워 야오 쉐이

활용

1)━ ① 창쪽　靠窗　② 복도쪽　靠走廊
　　　　kào chuāng　　　　　　kào zǒuláng

2)━ ① 물 한 잔 주십시오. 请给我一杯水。
　　　　　　　　　　　　 Qǐng gěi wǒ　yì　bēi shuǐ

　　② 커피를 주십시오. 我要咖啡。
　　　　　　　　　　　 Wǒ yào　kāfēi

旅行

1

칭 칸 이시아 닌 더 떵지파이
请看一下您的登机牌。
Qǐng kàn yíxià nín de dēngjīpái
탑승권을 보여 주십시오.

2

쩌 커 하오마 더 쭈어웨이 짜이 나알
这个号码的座位在哪儿？
Zhè ge hàomǎ de zuòwèi zài nǎr
이 좌석 번호는 어디입니까?

3

닌 더 쭈어웨이 스 에이 얼스우
您的座位是A-25。
Nín de zuòwèi shì èrshíwǔ
손님 좌석은 A-25번입니다.

4

워 씽리 팡짜이 나알 하오
我行李放在哪儿好？
Wǒ xíngli fàng zài nǎr hǎo
짐을 어디에 둡니까?

5

쩌 얼지 전머 스용
这耳机怎么使用？
Zhè ěrjī zěnme shǐyòng
이 이어폰은 어떻게 사용합니까?

6

시앤짜이 스 베이징 스지앤 지 디앤 쩡
现在是北京时间几点整？
Xiànzài shì Běijīng shíjiān jǐ diǎn zhěng
지금은 북경시간으로 몇 시입니까?

7

칭 닌 시 하오 안취앤따이
请您系好安全带。
Qǐng nín xì hǎo ānquándài
안전벨트를 잘 매어 주십시오.

8

페이지 마샹 찌우야오 치페이 러
飞机马上就要起飞了。
Fēijī mǎshàng jiù yào qǐ fēi le
비행기가 곧 이륙하겠습니다.

9

니 야오 커러 하이스 구어즈
你要可乐，还是果汁？
Nǐ yào kě lè háishi guǒzhī
콜라를 드시겠습니까? 아니면 쥬스를 드시겠습니까?

10
칭 짜이 게이 워 이 뻬이 카페이
请再给我一杯咖啡。
Qǐng zài gěi wǒ yì bēi kāfēi
커피 한 잔 더 주시겠습니까?

11
칭원,지 디앤 넝 츠 판
请问，几点能吃饭？
Qǐngwèn jǐ diǎnnéng chī fàn
식사는 언제합니까?

12
이 거 샤오스 이호우
一个小时以后。
Yíge xiǎoshi yǐhòu
한시간 후입니다.

13
요우 션머 차이
有什么菜？
Yǒu shénme cài
식사로 뭐가 나옵니까?

14
야오 칸 빠오즈 마
要看报纸吗？
Yào kàn bàozhǐ ma
신문 보시겠습니까?

15
시요우지앤 짜이 나알
洗手间在哪儿？
Xǐshǒujiān zài nǎr
화장실이 어디있습니까?

16
칭 게이 워 윈지야오
请给我晕机药。
Qǐng gěi wǒ yūnjīyào
멀미약 좀 주시겠습니까?

17
워 시양 마이 시양쉐이
我想买香水。
Wǒ xiǎng mǎi xiāngshuǐ
향수를 사고 싶은데요.

18
칭 게이 워 이 핑 웨이스지
请给我一瓶威士忌。
Qǐng gěi wǒ yì píng wēishìjì
위스키 한 병만 주십시오.

19

용 메이위앤 푸 치앤 커이 마
用美元付钱可以吗？
Yòng měiyuán fù qián kěyǐ ma
달러로 지불해도 됩니까?

20

하이 야오 비에더 마
还要别的吗？
Hái yào bié de ma
더 필요한 것이 있습니까?

21

칭 닌 티앤시에 루징 떵지카
请您填写入境登记卡。
Qǐng nín tián xiě rùjìng dēngjìkǎ
입국 카드를 작성해 주십시오.

22

빠리 루 징 쇼우쉬 더 스호우 칭 찌야오 바
办理入境手续的时候，请交吧。
Bàn lǐ rùjìng shǒuxù de shíhou qǐng jiāo ba
입국 수속을 할 때 제출하십시오.

23

칭 게이 워 하이꽌 션빠오딴 하오 마
请给我海关申报单好吗？
Qǐng gěi wǒ hǎiguān shēnbàodān hǎo ma
세관 신고 카드를 주시겠습니까?

24

시앤짜이 쩡 페이 짜이 션머 띠팡
现在正飞在什么地方？
Xiànzài zhèng fēi zài shénme dìfang
지금 어디를 날고 있습니까?

25

뚸이부치 요우 비 마
对不起，有笔吗？
Duìbuqǐ yǒu bǐ ma
죄송하지만 펜 있습니까?

26

쩌리 야오 시에 션머
这里要写什么？
Zhèlǐ yào xiě shénme
이 곳에는 무엇을 적어야 합니까?

27

시에 니더 후쟈오 하오마
写你的护照号码。
Xiě nǐ de hùzhào hàomǎ
여권번호를 적으십시오.

- 이륙 .... 起飞 qǐfēi 〔치 페이〕
- 정기편 .... 定期航班 dìngqī hángbān 〔띵치 항빤〕
- 특별기편 .... 专机 zhuānjī 〔쥬안 지〕
- 항공권 .... 机票 jīpiào 〔지 퍄오〕
- 탑승권 .... 登机牌 dēngjīpái 〔떵 지 파이〕
- 좌석번호 .... 座位号码 zuòwèi hàomǎ 〔쭈어웨이 하오마〕
- 승무원 .... 乘务员 chéngwùyuán 〔청 우 위앤〕
- 스튜어디스 .... 航空小姐 hángkōng xiǎojiě 〔항콩 샤오지에〕
- 안전벨트 .... 安全带 ānquándài 〔안 취앤 따이〕
- 구명조끼 .... 救生衣 jiùshēngyī 〔찌우 성 이〕
- 비상구 .... 紧急出口 jǐnjí chūkǒu 〔찐지 츄코우〕
- 신문 .... 报纸 bàozhǐ 〔빠오 즈〕
- 잡지 .... 杂志 zázhì 〔자 쯔〕
- 담요 .... 毛毯 máotǎn 〔마오 탄〕
- 이어폰 .... 耳机 ěrjī 〔얼 지〕
- 기내서비스 .... 机内服务 jīnèi fúwù 〔지네이 푸우〕
- 면세품 판매 .... 出售免税品 chūshòu miǎnshuìpǐn 〔츄쇼우 미앤쉐이핀〕
- 술 .... 酒 jiǔ 〔지유〕
- 담배 .... 烟 yān 〔이앤〕
- 향수 .... 香水 xiāngshuǐ 〔시양쉐이〕

국내 항공이나 중국 민항 모두 중국 승무원과 한국인 승무원이 있으므로 언제든지 도움을 청할 수 있으므로 언어상의 어려움은 없다. 한중간의 기내에서는 신문, 잡지, 식사, 음료, 면세품 판매 등의 서비스가 제공되며 전 구간 금연을 실시하고 있다. 서울에서 북경 국제공항까지 약 2시간 정도가 소요된다.

A : 请您用餐吧。鸡肉还是鱼？
Qǐng nín yòng cān ba　　　Jīròu　　háishi　yú
칭 닌 용 찬 바　찌로우 하이스 위

B : 鸡肉吧。
Jīròu　　ba
찌로우 바

A : 喝咖啡吗？
Hē　kāfēi　ma
허 카페이 마

B : 不用，谢谢。有韩国的报纸吗？
Bú yòng　　xièxie　　Yǒu Hánguó de　bàozhǐ ma
뿌용 시에시에　요우 한구어 더 빠오즈 마

A : 稍等一下。还要别的吗？
Shāoděng yíxià　　Hái yào bié de ma
샤오 덩 이시아　하이 야오 비에더 마

B : 不，够了。
Bù　　gòu le
뿌 꼬우 러

A : 식사 하십시오. 닭고기로 드릴까요, 생선으로 드릴까요?

B : 닭고기로 주십시오.

A : 커피 드시겠습니까?

B : 아니요, 고맙습니다. 한국 신문 있습니까?

A : 잠시만 기다리십시오. 더 필요한 것 있습니까?

B : 아니, 됐습니다.

여 행　旅行
lǚxíng

눈에 띄는 기본표현

A : 입국 목적은 무엇입니까?

入境的目的是什么？
Rù jìng de　mùdì　shì shénme

루징 더 무띠 스 션머

B : 관광입니다.1)

观光。
Guānguāng

꽌 꽝

☆ ☆ ☆ ☆ ☆

A : 이것은 무엇입니까?

这是什么？
Zhè shì shénme

쩌 스 션머

B : 제 개인용품2)입니다.

这是我的随身用品。
Zhè shì wǒ de suíshēnyòngpǐn

쩌 스 워 더 쑤이션 용핀

활용

1)— ① 여행입니다. 是来旅游的。
　　　　　Shì lái lǚyóu　de

　　② 출장왔습니다. 是来出差的。
　　　　　Shì lái chūchāi de

2)— ① 친구에게 줄 선물 送给朋友的礼物　② 한국 음식 韩国菜
　　　　　sòng gěi péngyou de　lǐwù　　　　　　　Hánguó cài

旅行

1
닌 다쑤안 팅리우 뚜어지우
您打算停留多久？
Nín dǎsuàn tíngliú duō jiǔ
얼마나 머무를 예정입니까?

2
닌 총 나알 라이
您从哪儿来？
Nín cóng nǎr lái
어디에서 오셨습니까?

3
워 총 한구어 라이
我从韩国来。
Wǒ cóng Hánguó lái
한국에서 왔습니다.

4
따한 항콩 치얼리우 츠 항빤 짜이 나알 취 씽리
大韩航空726次航班在哪儿取行李？
Dàhán hángkōng qī'èrliù cì hángbān zài nǎr qǔ xíngli
KA726편 수하물 찾는 곳이 어디입니까?

5
워 더 씽리 하이 메이 따오
我的行李还没到。
Wǒ de xíngli hái méi dào
제 짐이 도착하지 않았습니다.

6
요 메이요우 야오 션빠오 더 똥시
有没有要申报的东西？
Yǒu méiyǒu yào shēnbào de dōngxi
신고할 물건이 있습니까?

7
칭 다카이 쩌 거 빠오
请打开这个包。
Qǐng dǎkāi zhè ge bāo
이 가방을 열어 보십시오.

8
쩌 거 피샹리 요우 션머
这个皮箱里有什么？
Zhè ge píxiāng li yǒu shénme
이 트렁크 안에는 무엇이 있습니까?

9
칭 칸 이시아 니더 후쟈오
请看一下你的护照。
Qǐng kàn yíxià nǐ de hùzhào
여권을 보여 주십시오.

- 검역 ………………………………… 卫生检疫 wèishēng jiǎnyì 〔웨이셩 지앤이〕
- 입국 심사 …………………………… 入境审查 rùjìng shěnchá 〔루징 션챠〕
- 입국 카드 …………………………… 入境登记卡 rùjìng dēngjìkǎ 〔루징 떵지카〕
- 여권 …………………………………… 护照 hùzhào 〔후 쟈오〕
- 비자 …………………………………… 签证 qiānzhèng 〔치앤 정〕
- 수하물 수취소 ……………………… 行李处 xínglichù 〔씽 리 츄〕
- 세관 …………………………………… 海关 hǎiguān 〔하이 꽌〕
- 세관 신고서 ………… 海关申报单 hǎiguān shēnbàodān 〔하이꽌 션빠오딴〕
- 면세품 ……………………… 免税品 miǎnshuìpǐn 〔미앤 쉐이 핀〕
- 반입 금지품 ……… 禁止携带物品 jīnzhǐ xiédài wùpǐn 〔진즈 시 에따이 우핀〕

◎ 입국 카드의 용어

- 이름 …………………………………… 姓名 xìngmíng 〔씽 밍〕
- 국적 …………………………………… 国籍 guójí 〔구어 지〕
- 생년월일 ……………………… 出生日期 chūshēng rìqī 〔츄셩 르치〕
- 나이 …………………………………… 年龄 niánlíng 〔니앤 링〕
- 성별 …………………………………… 性别 xìngbié 〔씽 비에〕
- 여권 번호 …………………… 护照号码 hùzhào hàomǎ 〔후짜오 하오마〕
- 항공편 번호 ………………… 飞机航班号 fēijī hángbānhào 〔페이지 항빤하오〕
- 출발지 ………………………… 出发地点 chūfā dìdiǎn 〔츄파 띠디앤〕
- 여행목적 ……………………… 旅行目的 lǚxíng mùdì 〔뤼씽 무띠〕

중국의 입국 절차는 대한민국 여권을 소지하면 그다지 까다롭지 않다. 일반적으로 검역·입국 심사·수하물·세관 신고를 거쳐 이루어지는데 여권과 비자에 하자가 없는 한 기내에서 작성한 입국 카드와 건강신고서를 제출하면 된다. 입국 수속을 마치면 자신이 타고온 항공사의 비행기 편명이 적힌 곳에서 수하물을 찾고 세관 신고시 신고할 것이 없을 때는 녹색줄 쪽으로 통과한다.

A : 您有什么东西要申报吗？
Nín yǒu shénme dōngxi yào shēnbào ma
닌 요우 션머 똥시 야오 션빠오 마

B : 没有。
Méiyǒu
메이 요우

A : 这个包里有什么？
Zhè ge bāo li yǒu shénme
쩌 거 빠오 리 요우 션머

B : 都是衣服和我自己用的东西。
Dōu shì yīfu hé wǒ zìjǐ yòng de dōngxi
또우 스 이푸 허 워 쯔지 용 더 똥시

A : 好了。谢谢。
Hǎo le   Xièxie
하오 러 시에시에

B : 辛苦了。
Xīnkǔ   le
씬쿠 러

A : 신고할 물건이 있습니까?

B : 없습니다.

A : 이 가방 안에 무엇이 있습니까?

B : 전부 옷과 개인 용품입니다.

A : 됐습니다. 고맙습니다.

B : 수고하십시오.

여 행　旅行
lǚxíng

눈에 띄는 기본표현

A : 어떤방을 원하십니까?

您要什么样的房间？
Nín yào shénmeyàng de fángjiān

닌 야오 션머양 더 팡지앤

B : <u>조용한 방</u>1)을 원합니다.

我要很安静的。
Wǒ yào hěn ānjìng de

워 야오 헌 안징더

☆ ☆ ☆ ☆ ☆

A : <u>체크 아웃을 하려고 합니다.</u>2)

我要退房。
Wǒ yào tuì fáng

워 야오 퉤이 팡

B : 잠시만 기다려 주십시오.

稍等一下。
Shāoděng yíxià

샤오 덩 이시아

활용

1)— ① 비교적 싼 방 比较便宜的　② 조금 큰 방 大一点儿的
　　　　　bǐjiào piányi de　　　　　　　　dà yìdiǎnr de

2)— ① 방을 예약하려고 합니다. 我要预订一间房。
　　　　　　　　　　　　　Wǒ yào yùdìng yì jiān fáng

　　② 하루 더 묵을 수 있습니까? 再住一天，可以吗？
　　　　　　　　　　　　　　Zài zhù yì tiān　kěyǐ ma

旅
行

1
짜이 한청 이징 위띵 하오 러
在汉城已经预订好了。
Zài Hànchéng yǐjing yùdìng hǎo le
서울에서 이미 예약했습니다.

2
빠오쿠어 자오판 마
包括早餐吗？
Bāokuò zǎocān ma
아침식사가 포함되어 있습니까?

3
니 야오 쭈 지 티앤
你要住几天？
Nǐ yào zhù jǐ tiān
며칠 묵으실 겁니까?

4
칭 떵지 이시아
请登记一下。
Qǐng dēngjì yíxià
숙박부에 기재해 주십시오.

5
워 더 팡지앤하오 스 뚜어샤오
我的房间号是多少？
Wǒ de fángjiān hào shì duōshao
제 방이 몇 호입니까?

6
커이 따오 지 디앤 퉤이 팡
可以到几点退房？
Kěyǐ dào jǐ diǎn tuì fáng
체크아웃은 몇 시까지입니까?

7
커이 용 신용카 푸 치앤 마
可以用信用卡付钱吗？
Kěyǐ yòng xìnyòngkǎ fù qián ma
신용카드로 지불해도 됩니까?

8
쩌 스 션머 페이용
这是什么费用？
Zhè shì shénme fèiyòng
이것은 무슨 비용입니까?

9
칭 찌야오 이량 츄주치처
请叫一辆出租汽车。
Qǐng jiào yí liàng chūzū qìchē
택시를 불러 주십시오.

158 체크인과 체크아웃

- 호텔 .... 饭店 fàndiàn 〔판 띠앤〕
- 체크인 .... 住房 / 登记 zhù fáng / dēngjì 〔쭈 팡 / 떵 지〕
- 체크아웃 .... 退房 tuì fáng 〔퉤이 팡〕
- 예약 .... 预订 yùdìng 〔위 띵〕
- 예약확인 .... 确认预订 quèrèn yùdìng 〔취에런 위띵〕
- 프론트 .... 服务台 fúwùtái 〔푸 우 타이〕
- 서비스 직원 .... 服务员 fúwùyuán 〔푸 우 위앤〕
- 지배인 .... 经理 jīnglǐ 〔징 리〕
- 책임자 .... 负责人 fùzérén 〔푸 저 런〕
- 방 .... 房间 fángjiān 〔팡 지앤〕
- 싱글룸 .... 单人房 dānrénfáng 〔딴 런 팡〕
- 더블룸 .... 双人房 shuāngrénfáng 〔슈앙 런 팡〕
- 열쇠 .... 钥匙 yàoshi 〔야오 스〕
- 숙박카드 .... 住房卡 zhùfángkǎ 〔쭈 팡 카〕
- 숙박비 .... 房费 fángfèi 〔팡 페이〕
- 선금 .... 订金 dìngjīn 〔띵 진〕
- 서비스요금 .... 服务费 fúwùfèi 〔푸 우 페이〕

i

호텔의 등급을 별(★)의 개수로 나타내며 별 1개에서 최고급의 별 5개가 있다.
중국에서는 별도의 팁이 필요없으며 때론 정중히 거부하는 종업원도 있다.굳이
팁을 주고 싶다면 아침에 일어나서 베개 밑이나 잘 보이는 곳에 1~2元(위앤) 정
도 놓아 두면 된다.

A : 我想预订一间房。
Wǒ xiǎng yùdìng yì jiān fáng
워 시양 위띵 이 지앤 팡

B : 你要单人房还是双人房？
Nǐ yào dānrénfáng háishi shuāngrénfáng
니 야오 딴런팡 하이스 슈앙런팡

A : 我要单人房。一天多少钱？
Wǒ yào dānrénfáng Yì tiān duōshao qián
워 야오 딴런팡 이 티앤 뚜어샤오 치앤

B : 七百块。你要住多长时间？
Qī bǎi kuài Nǐ yào zhù duō cháng shíjiān
치바이콰이 니 야오 쭈 뚜어창 스지앤

A : 三天左右。
Sān tiān zuǒyòu
싼 티앤 주어요우

B : 请登记一下。
Qǐng dēngjì yíxià
칭 떵지 이시아

A : 방을 예약하고 싶은데요.

B : 싱글룸을 원하십니까, 더블룸을 원하십니까?

A : 싱글룸으로 주세요. 하루에 얼마입니까?

B : 700원입니다. 얼마나 묵으실 겁니까?

A : 사흘 정도입니다.

B : 기입을 해 주십시오

여 행 旅行
lǚxíng

눈에 띄는 기본표현

A : 프론트입니다. 무엇을 도와드릴까요?

是服务台。你需要什么服务？
Shì fúwùtái　　Nǐ xūyào shénme fúwù
스 푸우타이　니 쉬야오 셔머 푸우

B : 723호실로 아침식사를 부탁합니다.1)

请把早点送到723号房间。
Qǐng bǎ zǎodiǎnsòngdàoqī'èrsān hàofángjiān
칭 바 자오디앤 쏭 따오 치얼싼하오 팡지앤

☆ ☆ ☆ ☆ ☆

A : 더 필요한 것이 있습니까?

还需要别的吗？　　　　하이 쉬야오 비에더 마
Hái xūyào biéde ma

B : 끓인 물1)을 갖다 주십시오.

请给我拿来开水。　　칭 게이 워 나라이 카이 쉐이
Qǐng gěi wǒ ná lái kāishuǐ

활용

1)— ① 방 청소를 부탁합니다. **请打扫房间。**
Qǐng dǎsǎo fángjiān

　　② 옷 세탁을 부탁합니다. **请给我洗衣服。**
Qǐng gěi wǒ xǐ yīfu

2)— ① 담요 **毛毯**　② 타월 **手巾**
máotǎn　　　shǒujīn

旅行

1

야오스 화이 러

钥匙坏了。

Yàoshi huài le

열쇠가 고장났습니다.

2

워 바 야오스 왕 짜이 팡지앤리 러

我把钥匙忘在房间里了。

Wǒ bǎ yàoshi wàng zài fángjiān li le

열쇠를 방에 두었습니다.

3

뿌 츄 러쉐이

不出热水。

Bù chū rè shuǐ

뜨거운 물이 나오지 않습니다.

4

누안치 화이 러

暖气坏了。

Nuǎnqì huài le

히터가 고장났습니다.

5

띠앤스 메이요우 화미앤

电视没有画面。

Diànshì méiyǒu huàmiàn

텔레비전이 나오지 않습니다.

6

칭 밍티앤 짜오샹 리우 디앤 찌야오씽 워

请明天早上六点叫醒我。

Qǐngmíngtiānzǎoshang liù diǎn jiào xǐng wǒ

내일 아침 6시에 모닝콜을 부탁합니다.

7

한구어 찬팅 지 디앤 카이 먼

韩国餐厅几点开门？

Hánguó cāntīng jǐ diǎn kāi mén

한국 식당은 몇 시에 문을 엽니까?

8

워 야오 짜이 팡지앤리 츠 짜오판

我要在房间里吃早饭。

Wǒ yào zài fángjiān li chī zǎofàn

방에서 아침식사를 하고 싶습니다.

9

워 시양 왕 한구어 따 구어찌 띠앤화

我想往韩国打国际电话。

Wǒ xiǎngwǎng Hánguó dá guójì diànhuà

한국으로 국제 전화하고 싶습니다.

- 룸 서비스 ························· 客房服务 kèfáng fúwù 〔커팡 푸우〕
- 객실 ····························· 客房 kèfáng 〔커 팡〕
- 아침식사 ········· 早餐 / 早饭 zǎocān / zǎofàn 〔짜오찬 / 짜오판〕
- 점심식사 ············ 餐 / 午饭 wǔcān / wǔfàn 〔우찬 / 우판〕
- 저녁식사 ········· 晚餐 / 晚饭 wǎncān / wǎnfàn 〔완찬 / 완판〕
- 침대보 ························· 床单 chuángdān 〔츄앙 딴〕
- 텔레비전 ························ 电视 diànshì 〔띠앤 스〕
- 보온병 ················· 暖水瓶 nuǎnshuǐpíng 〔누안 쉐이 핑〕
- 욕실 ····························· 浴室 yùshì 〔위 스〕
- 화장실 ···················· 洗手间 xǐshǒujiān 〔시 쇼우 지앤〕
- 수건 ························· 手巾 shǒujīn 〔쇼우 진〕
- 샴푸 ························· 香波 xiāngbō 〔시양 뽀〕
- 린스 ··························· 润丝 rùnsī 〔룬 쓰〕
- 비누 ·························· 肥皂 féizào 〔페이 짜오〕
- 칫솔 ·························· 牙刷 yáshuā 〔야 슈아〕
- 치약 ·························· 牙膏 yágāo 〔야 까오〕
- 청소 ·························· 打扫 dǎsǎo 〔따 싸오〕
- 휴지통 ···················· 垃圾箱 lājīxiāng 〔라 찌 시양〕
- 휴지 ······················ 卫生纸 wèishēngzhǐ 〔웨이 셩 즈〕
- 재떨이 ···················· 烟灰缸 yānhuīgāng 〔이앤 훼이 깡〕

ⓘ

중국의 호텔방에는 보통 따뜻한 물을 담을 수 있는 보온병과 티백으로 된 녹차가
준비되어 있으며 아침에 보온병에 뜨거운 물을 담아다 준다. 요즈음에는 비즈니
스 센터라고 하여 별도의 로비에 컴퓨터나 복사기, 팩스를 운영하는 곳도 많다.
서비스를 원할 때에는 주저말고 프론트의 번호를 눌러 부탁하면 된다.

A : 这里是205号房间，请给我拿来啤酒好吗？
Zhè li shì èrlíngwǔ hào fángjiān　qǐng gěi wǒ ná lái　píjiǔ　hǎo ma
쩌리 스 얼링우 하오 팡지앤, 칭 게이 워 나 라이 피지유 하오마

B : 好。
Hǎo
하오

A : 这里有蒸汽浴吗？
Zhè li yǒu zhēngqìyù ma
쩌리 요우 쩡치위 마

B : 有，在下面。
Yǒu　zài xiàmiàn
요우 짜이 시아미앤

A : 几点开门？
Jǐ diǎn kāi mén
지 디앤 카이 먼

B : 早晨五点开。
Zǎochén wǔ diǎn kāi
짜오천 우 디앤 카이

A : 여기 205호실인데요, 맥주를 가져다 주시겠습니까?
B : 알겠습니다.
A : 여기에 사우나가 있습니까?
B : 네, 지하에 있습니다.
A : 몇시에 문을 엽니까?
B : 새벽 5시에 엽니다.

여 행 　旅行
lǚxíng

눈에 띄는 기본표현

A : 어느 곳에 가고 싶습니까?

你想去什么地方？　　　니 시양 취 션머 띠팡
Nǐ xiǎng qù shénme dìfang

B : 명승 고적1)을 가고 싶습니다.

我想去名胜古迹。　　　워 시양 취 밍셩 구지
Wǒ xiǎng qù míngshèng gǔjì

☆ ☆ ☆ ☆ ☆

A : 사진을 찍을2) 수 있습니까?

可以照相吗？　　　커이 짜오 시양 마
Kěyǐ zhàoxiàng ma

B : 물론입니다.

当然可以。　　　땅란 커이
Dāngrán kěyǐ

1)— ① 박물관 博物馆　② 공원 公园
　　　bówùguǎn　　gōngyuán

2)— ① 들어가다 进去
　　　jìnqù

　　② 유람선을 타다 坐游览船
　　　zuò yóulǎnchuán

旅行

1
뤼요우 찌에샤오츄 짜이 나알
旅游介绍处在哪儿？
Lǚyóu jièshàochù zài nǎr
관광 안내소가 어디입니까?

2
찌에샤오 이시아 요우밍 더 꽌꽝츄
介绍一下有名的观光处。
Jièshào yíxià yǒumíng de guānguāngchù
좋은 관광지를 추천해 주십시오.

3
나알 더 펑징 하오
哪儿的风景好？
Nǎr de fēngjǐng hǎo
어느 곳의 풍경이 좋습니까?

4
요우 션머양 더 뤼요우 루시앤
有什么样的旅游路线？
Yǒu shénmeyàng de lǚyóu lùxiàn
어떤 투어코스가 있습니까?

5
하이 요우 비에더 뤼요우 마
还有别的旅游吗？
Hái yǒu bié de lǚyóu ma
또 다른 코스도 있습니까?

6
짜이 나알 지 디앤 츄파
在哪儿几点出发？
Zài nǎr jǐ diǎn chūfā
어디에서 몇 시에 출발합니까?

7
빠오쿠어 먼퍄오 마
包括门票吗？
Bāokuò ménpiào ma
입장료가 포함되었습니까?

8
지 디앤 훼이 따오 치쳐
几点回到汽车？
Jǐ diǎn huí dào qìchē
버스에 몇 시까지 돌아오면 됩니까?

9
먼퍄오 뚜어샤오 치앤
门票多少钱？
Ménpiào duōshao qián
입장료가 얼마입니까?

10

션머 스호우 꽌 먼

什么时候关门？

Shénme shíhou guānmén

언제 문을 닫습니까?

11

쩌 스 션머 띠팡

这是什么地方？

Zhè shì shénme dìfang

여기가 어디입니까?

12

나 스 션머

那是什么？

Nà shì shénme

저것은 무엇입니까?

13

스 쉐이 쭈꾸어 더 띠팡

是谁住过的地方？

Shì shuí zhù guo de dìfang

누가 살던 곳입니까?

14

쩌 쑤어 찌앤쭈우 스 션머 스따이 더

这所建筑物是什么时代的？

Zhè suǒ jiànzhùwù shì shénme shídài de

이 건물은 어느 시대 것입니까?

15

칭 게이 워 찌에샤오 이시아

请给我介绍一下。

Qǐng gěi wǒ jièshào yíxià

안내 좀 해 주십시오.

16

요 메이요우 한원 찌에샤오 쇼우처

有没有韩文介绍手册？

Yǒu méiyǒu Hán wén jièshào shǒucè

한국어 안내 책자가 있습니까?

17

하오 지 러

好极了！

Hǎo jí le

정말 훌륭하군요.

18

짜이 나알 마이 찌니앤핀

在哪儿卖纪念品？

Zài nǎr mài jìniànpǐn

기념품은 어디서 팝니까?

19
시유시스 짜이 나알
休息室在哪儿？
Xiūxishì zài nǎr
휴게실이 어디입니까?

20
쩌리 스 진즈 파이짜오 더 띠팡 마
这里是禁止拍照的地方吗？
Zhèli shì jīnzhǐ pāizhào de dìfang ma
이 곳은 사진 촬영 금지 구역입니까?

21
칭 게이 워 짜오 이쟝 시양 하오 마
请给我照一张相好吗？
Qǐng gěi wǒ zhào yì zhāngxiàng hǎo ma
사진 한 장만 찍어주시겠습니까?

22
칭 안 쩌얼 찌우 씽
请按这儿就行。
Qǐng àn zhèr jiù xíng
여기를 누르기만 하면 됩니다.

23
뚸이 부 치 칭 짜이 게이 짜오 이쟝
对不起，请再给照一张。
Duì bu qǐ qǐng zài gěi zhào yì zhāng
죄송합니다만 한 장 더 찍어 주십시오.

24
칭 게이 워 싼스리유 더 차이써 지야오쥐앤
请给我36张的彩色胶卷。
Qǐng gěi wǒ sānshíliù zhāng de cǎisè jiāojuǎn
36장짜리 컬러 필름으로 주십시오.

25
칭 허 워 이치 짜오 이쟝 시양
请和我一起照一张相。
qǐng hé wǒ yìqǐ zhào yì zhāngxiàng
저와 함께 한 장 찍으세요.

26
나알 비지야오 요우밍
哪儿比较有名？
Nǎr bǐjiào yǒumíng
어느 곳이 비교적 유명합니까?

27
요우밍더 밍셩구지 짜이 나알
有名的名胜古迹在哪儿？
Yǒumíng de míngshèng gǔjì zài nǎr
유명한 명승고적이 어디에 있습니까?

- 관광 ·································· 观光 guānguāng 〔꽌 꽝〕
- 여행 ·································· 旅行 lǚxíng 〔뤼 씽〕
- 관광안내소 ··············· 旅游介绍处 lǚyóu jièshàochù 〔뤼요우 찌에샤오츄〕
- 가이드 ·································· 导游 dǎoyóu 〔다오 요우〕
- 안내책자 ··············· 介绍手册 jièshào shǒucè 〔찌에샤오 쇼우처〕
- 명승고적 ··············· 名胜古迹 míngshèng gǔjì 〔밍성 구지〕
- 미술관 ·································· 美术馆 měishùguǎn 〔메이 슈 관〕
- 박물관 ·································· 博物馆 bówùguǎn 〔보 우 관〕
- 기념관 ·································· 纪念馆 jìniànguǎn 〔지 니앤 관〕
- 동물원 ·································· 动物园 dòngwùyuán 〔똥 우 위앤〕
- 식물원 ·································· 植物园 zhíwùyuán 〔즈 우 위앤〕
- 박람회 ·································· 博览会 bólǎnhuì 〔보 란 훼이〕
- 전람회 ·································· 展览会 zhǎnlǎnhuì 〔쟌 란 훼이〕
- 견학 ·································· 参观 cānguān 〔찬 꽌〕
- 카메라 ·································· 照相机 zhàoxiàngjī 〔짜오 시양 지〕
- 사진 ·································· 照片 zhàopiàn 〔짜오 피앤〕
- 필름 ·································· 胶卷 jiāojuǎn 〔지야오 쥐앤〕

거리 전체가 역사박물관과 같은 북경과 중국 문명의 발상지인 황하유역의 도시들, 중국인들의 오랜 역사를 거슬러 올라가는 듯한 느낌으로 관광할 수 있는 곳이 아주 많으며 관광의 신청은 호텔의 로비에서 할 수 있다. 안내책자를 통해서 미리 확인한 후에 관광하는 것이 좋고 외국인은 바가지와 소매치기의 대상이 되기 쉬우므로 주의해야 한다.

A : 这儿的风景真美。
Zhèr de fēngjǐng zhēn měi
쩌얼 더 펑징 쩐 메이

B : 对。我们一起照相吧。
Duì Wǒmen yìqǐ zhàoxiàng ba
뚜에이 워먼 이치 짜오시양 바

A : 好。准备好了吗？ 一-二-三。
Hǎo Zhǔnbèi hǎo le ma Yī èr sān
하오 준뻬이 하오 러 마 이 얼 싼

C : 快到关门的时间了。
Kuài dào guānmén de shíjiān le
콰이 따오 꽌먼 더 스지앤 러

A : 去那边看看，然后出去吧。
Qù nà biān kànkan ránhòu chūqù ba
취 나비앤 칸칸 란호우 츄취 바

B : 好。
Hǎo
하오

A : 이 곳의 풍경은 정말 아름답습니다.

B : 그렇군요. 같이 사진을 찍읍시다.

A : 좋습니다. 준비 되셨습니까? 하나 둘 셋.

C : 곧 문 닫을 시간입니다.

A : 저쪽 좀 보고 나갑시다.

B : 그러죠.

긴 급 紧急
jǐnjí

눈에 띄는 기본표현

A : 어디가 불편하십니까?

哪里不舒服？
Nǎ li bù shūfu

나 리 부수푸

B : <u>다리</u>1)가 아픕니다.

好象腿有点儿疼。
Hǎoxiàng tuǐ yǒudiǎnr téng

하오시양 퉤이 요디얼 텅

☆ ☆ ☆ ☆ ☆

A : <u>병원이 어디 있습니까?</u>2)

医院在哪儿？
Yīyuàn zài nǎr

이위앤 짜이 나알

B : 저와 함께 가시죠.

我带你去吧。
Wǒ dài nǐ qù ba

워 따이 니 취 바

활용

1)— ① 이빨 牙   ② 배 肚子
　　　　 yá　　　　 dùzi

2)— ① 가까운 병원까지 부탁합니다. 请到附近医院。
　　　　　　　　　　　　　　　 Qǐng dào fùjìn yīyuàn

　　② 약국은 어디 있습니까? 药店在哪儿？
　　　　　　　　　　　　 Yàodiàn zài nǎr

1
쩌얼 푸진 요우 이위앤 마
这儿附近有医院吗？
Zhèr fùjìn yǒu yīyuàn ma
근처에 병원이 있습니까?

2
칭 찌야오 이셩 하오 마
请叫医生好吗？
Qǐng jiào yīshēng hǎo ma
의사를 불러 주시겠습니까?

3
칭 니 따이 워 취 이위앤
请你赔我去医院。
Qǐng nǐ péi wǒ qù yīyuàn
병원으로 데려가 주십시오.

4
워 션티 투란 뿌슈푸 러
我身体突然不舒服了。
Wǒ shēntǐ tūrán bù shūfu le
몸이 갑자기 안 좋아졌습니다.

5
위쳐
晕车。
Yūn chē
차멀미를 합니다.

6
콰이 야오 워더 밍 러
快要我的命了。
Kuài yào wǒ de mìng le
괴로워서 죽을 것 같습니다.

7
뚜즈 텅 더 헌 리하이 이디얼 예 뿌넝 똥
肚子疼得很厉害，一点儿也不能动。
Dùzi téng de hěn lìhai yìdiǎnr yě bù néngdòng
배가 너무 아파서 움직일 수가 없습니다.

8
칭 찌야오 지찌우처
请叫急救车。
Qǐng jiào jíjiùchē
응급차를 불러 주십시오.

9
칭 콰이 라이 빵빵 워
请快来帮帮我。
Qǐngkuài lái bāngbang wǒ
빨리 도와 주십시오.

□ □ □ □ □ □ □ □ □

- 구급차 ················· 急救车/救护车 jíjiùchē/jiùhùchē 〔지 찌우 처/찌우 후 처〕
- 위급환자 ··························· 急性病人 jíxìngbìngrén 〔지 씽 삥 런〕
- 질병 ································· 疾病 jíbìng 〔지 삥〕

◎ 여러 가지 병명 ···

- 폐렴 ······························· 肺炎 fèiyán 〔페이 이앤〕
- 위염/간염 ·················· 胃炎/肝炎 wèiyán/gānyán 〔웨이 이앤/간 이앤〕
- 위궤양 ···················· 胃溃疡 wèikuìyáng 〔웨이 쿠이 양〕
- 구토/메스꺼움 ·············· 呕吐/恶心 ǒutù/ěxīn 〔오우 투/으어 신〕
- 식중독 ·················· 食物中毒 shíwù zhòngdú 〔스 우 쫑 두〕
- 변비 ······························· 便秘 biànbì 〔삐앤 삐〕
- 빈혈 ······························· 贫血 pínxuè 〔핀 쉬에〕
- 골절 ···························· 骨折 gūzhé 〔꾸 져〕
- 복통 ···························· 肚子疼 dùziténg
- 요통 ······························· 腰疼 yāoténg 〔야오 텅〕
- 치통 ······························· 牙疼 yáténg 〔야 텅〕
- 두통 ······························· 头疼 tóuténg 〔토우 텅〕
- 감기 ······························· 感冒 gǎnmào 〔깐 마오〕
- 기침 ······························· 咳嗽 késou 〔커 소우〕
- 발열 ······························· 发烧 fāshāo 〔파 샤오〕
- 화상 ······························· 火伤 huǒshāng 〔후어 샹〕

i

중국여행중 음식 때문에 질병에 걸리는 일은 별로없지만 물 때문에 고생을 하는 경우가 많다. 되도록 식수를 사서 마시고 호텔이나 외국인 숙소에서는 항상 보온 병에 뜨거운 물을 준비해 주기 때문에 차(茶)를 많이 마시면 도움이 된다. 숙소에서 갑자기 병이 났을 때에는 프론트로 연락하여 도움을 청하도록 한다.

Ａ : 好象感冒了。
Hǎoxiàng gǎnmào le
하오시양 깐마오 러

Ｂ : 你怎么啦 ? 咳嗽吗 ?
Nǐ zěnme la   Késou ma
니 쩐머 라 커소우 마

Ａ : 是，头疼，没有劲还有不想吃东西。
Shì   tóuténg   méiyǒu jìnr háiyǒu bù xiǎng chī dōngxi
스 토우텅 메이요우 질 하이요우 뿌 시양 츠 뚱시

Ｂ : 你吃药了吗 ?
Nǐ chī yào le ma
니 츠 야오 러 마

Ａ : 没吃。
Méi chī
메이 츠

Ｂ : 我赔你去医院吧。
Wǒ péi nǐ qù yīyuàn ba
워 페이 니 취 이위앤 바

Ａ : 감기에 걸린 것 같습니다.

Ｂ : 어떻습니까? 기침을 합니까?

Ａ : 네, 머리가 아프고 기운이 없고 밥먹고 싶은 생각도 없습니다.

Ｂ : 약은 드셨습니까?

Ａ : 아니요.

Ｂ : 제가 병원에 모시고 가죠.

긴 급

紧急
jǐnjí

눈에 띄는 기본표현

A : 왜 그러십니까?

你有什么事？
Nǐ yǒushénme shì

니 요우 션머 스

B : <u>여권</u>1)을 잃어버렸습니다.

我丢了护照。
Wǒ diū le hùzhào

워 띠우 러 후쟈오

☆ ☆ ☆ ☆ ☆

A : 어디에서 잃어버리셨습니까?

你知道丢在哪儿了？
Nǐ zhīdao diū zài nǎr le

니 즈따오 띠우 짜이 나알 러

B : <u>모르겠습니다.</u>2)

不知道。
Bù zhīdao

뿌 즈따오

활용

1)— ① 지갑 钱包　② 가방 包
　　　qiánbāo　　　　bāo

2)— ① 어디서 잃어버렸는지 모르겠습니다. 不知道丢在哪儿了。
　　　　　　　　　　　　　　　　　　　　Bù zhīdao diū zài nǎr le

　　② 도난을 당한 것 같습니다. 好象被别人盗了。
　　　　　　　　　　　　　　　Hǎoxiàng bèi biérén dào le

紧急

1

公安局在什么地方？

Gōng'ānjú zài shénme dìfang

경찰서가 어디 있습니까?

2

遗失报警怎么报？

Yíshī bàojǐng zěnme bào

분실신고는 어떻게 합니까?

3

到韩国大使馆看吧。

Dào Hánguó dàshǐguǎn kàn ba

한국 대사관으로 가 보십시오.

4

你有没有看到我的包(钱包)。

Nǐ yǒu méiyǒu kàn dào wǒ de bāo qián bāo

혹시 제 가방(지갑) 못 보셨습니까?

5

我的包(钱包)被偷走了。

Wǒ de bāo qián bāo bèi tōu zǒu le

가방(지갑)을 도둑맞았습니다.

6

是什么样的包(钱包)？

Shì shénmeyàng de bāo qián bāo

어떤 가방(지갑)입니까?

7

是黑色的小包(钱包)。

Shì hēisè de xiǎo bāo qián bāo

작은 검정색 가방(지갑)입니다.

8

找到的话，请跟我联系。

Zhǎo dào de huà qǐng gēn wǒ liánxì

찾으면 연락 주십시오.

9

请帮我找一找。

Qǐngbāng wǒ zhǎo yi zhǎo

찾는 걸 도와주십시오.

- 분실 ························· 遗失 yíshī 〔이 스〕
- 도난 ························· 被盗 bèidào 〔뻬이 따오〕
- 강도 ························· 强盗 qiángdào 〔치양 따오〕
- 도둑 ························· 小偷 xiǎotōu 〔샤오 토우〕
- 소매치기 ······················· 扒手 bāshǒu 〔빠 쇼우〕
- 한국 대사관 ············· 韩国大使馆 Hánguó dàshǐguǎn 〔한구어 따스관〕
- 영사관 ······················· 领事馆 lǐngshìguǎn 〔링 스 관〕
- 발생 장소 ··············· 发生地点 fāshēng dìdiǎn 〔파셩 띠디앤〕
- 연락처 ··················· 联系地址 liánxì dìzhǐ 〔리앤시 띠즈〕
- 귀중품 ····················· 贵重品 guìzhòngpǐn 〔꿰이 쭝 핀〕
- 분실 증명서 ·············· 遗失证明书 yíshī zhèngmíngshū 〔이스 쩡밍슈〕
- 도난 증명서 ············ 被盗证明书 bèidào zhèngmíngshū 〔뻬이따오 쩡밍슈〕
- 재발행 ················· 重新发行 chóngxīn fāxíng 〔총신 파씽〕
- 지갑 ························· 钱包 qiánbāo 〔치앤 빠오〕
- 핸드백 ····················· 手提包 shǒutíbāo 〔쇼우 티 빠오〕
- 수첩 ························· 手册 shǒucè 〔쇼우 처〕
- 여권 ························· 护照 hùzhào 〔후 쟈오〕
- 여권번호 ················· 护照号码 hùzhào hàomǎ 〔후쟈오 하오마〕

Ａ：啊，我的钱包不见了。
A　　wǒ de qiánbāo bú jiàn le
아 워 더 치앤빠오 부 찌앤 러

Ｂ：再找一找吧。也许刚才忘在那个餐厅里了。
Zài zhǎo yi zhǎo ba　Yěxǔ gāngcái wàng zài nà ge cāntīng li le
짜이 쟈오 이 쟈오 바 예쉬 깡차이 왕 짜이 나거 찬팅 리 러

Ａ：不会。从餐厅出来的时候，我把钱包放在包里了。
Bú huì　Cóng cāntīng chū lái de shíhou　wǒ bǎ qiánbāo fàng zài bāo li le
부 훼이 총 찬팅 츄라이 더 스호우 워 바 치앤빠오 팡 짜이 빠오 리 러

Ｂ：那可能被别人盗了。
Nà kěnéng bèi biérén dào le
나 커넝 뻬이 비에런 따오 러

Ａ：怎么办？
Zěnme bàn
전머 빤

Ｂ：先向公安局报警。
Xiānxiàng gōng'ānjú bàojǐng
시앤 시양 꽁안쥐 빠오징

Ａ：아, 지갑이 없어졌어요.

Ｂ：다시 한 번 찾아보세요. 혹시 방금 그 식당에 놓고 온 것 아닙니까?

Ａ：아니에요. 식당에서 나올 때 분명히 가방에 집어 넣었습니다.

Ｂ：그러면 도난을 당한 것 같군요.

Ａ：어떻게 하죠?

Ｂ：먼저 경찰서에 신고를 합시다.

긴 급

紧急
jǐnjí

눈에 띄는 기본표현

A : <u>여기가 어디입니까?</u>1)

这是什么地方？
Zhè shì shénme dìfang
쩌 스 션머 띠팡

B : 이 곳은 동단입니다.

这是东单。
Zhè shì Dōngdān
쩌 스 똥단

☆ ☆ ☆ ☆ ☆

A : <u>북경 호텔은 어디 있습니까?</u>2)

北京饭店在哪儿？
Běijīng fàndiàn zài nǎr
베이징 판띠앤 짜이 나알

B : 저를 따라 오세요.

跟我来。
Gēn wǒ lái
껀 워 라이

활용

1) ― ① 여기가 어딘지 모르겠습니다. 我不知道这是什么地方。
Wǒ bù zhīdao zhè shì shénme dìfang

2) ― ① 북경호텔이 어디입니까? 北京饭店在什么地方？
Běijīng fàndiàn zài shénme dìfang

② 북경호텔에 어떻게 갑니까? 去北京饭店怎么走？
Qù Běijīng fàndiàn zěnme zǒu

1

워 미루 러
我迷路了。
Wǒ mí lù le
길을 잃어버렸습니다.

2

칭원 쩌 푸진 요 메이요우 파이츄수어
请问，这附近有没有派出所？
Qǐngwèn　zhè fùjìn yǒu méiyǒu pàichūsuǒ
실례합니다. 이 근처에 파출소가 있습니까?

3

칭 까오쑤 워 쩌 스 션머 띠팡
请告诉我，这是什么地方。
Qǐng gàosu wǒ　zhè shì shénme dìfang
여기가 어딘지 가르쳐 주시겠습니까?

4

취 베이징 따쉬에 조우 나거 팡시양 스 뛔이 더
去北京大学走哪个方向是对的？
Qù Běijīng Dàxué zǒu nǎ ge fāngxiàng shì duì de
북경 대학이 어느 쪽입니까?

5

니 즈따오 베이징 따수에 짜이 나알
你知道北京大学在哪儿？
Nǐ zhīdao Běijīng Dàxué zài nǎr
북경대학이 어디 있는지 아십니까?

6

조우 쩌 탸오 루 커이 따오 베이징 따쉬에 마
走这条路可以到北京大学吗？
Zǒu zhè tiáo lù kěyǐ dào Běijīng Dàxué ma
이 길로 쭉 가면 북경 대학이 나옵니까?

7

마판 닌 따이 워 취 나알 푸진 하오 마
麻烦您，请带我去那儿附近。
Máfan nín　qǐng dài wǒ qù nàr fùjìn
죄송합니다만 근처까지 안내해 주십시오.

8

조우 나거 팡시양 스 뛔이 더 너
走哪个方向是对的呢？
Zǒu nǎ ge fāngxiàng shì duì de ne
어느 방향이 맞습니까?

9

시에시에 빵 워더 망
谢谢帮我的忙。
Xièxie bāng wǒ de máng
도와주셔서 감사합니다.

- 길 .... 路 lù 〔루〕
- 골목길 .... 胡同 hútóng 〔후 퉁〕
- 입구 .... 入口 rùkǒu 〔루 코우〕
- 출구 .... 出口 chūkǒu 〔츄 코우〕
- 길 안내 .... 带路 dài lù 〔따이 루〕
- 교통 지도 .... 交通地图 jiāotōng dìtú 〔쟈오퉁 띠투〕
- 시내 지도 .... 市内地图 shìnèi dìtú 〔스네이 띠투〕
- 약도 .... 地图 dìtú 〔띠 투〕
- 방향 .... 方向 fāngxiàng 〔팡 시앙〕
- 동 .... 东 dōng 〔똥〕
- 서 .... 西 xī 〔시〕
- 남 .... 南 nán 〔난〕
- 북 .... 北 běi 〔베이〕
- 위쪽 .... 上边 shàngbiān 〔샹 비앤〕
- 아래쪽 .... 下边 xiàbiān 〔시아 비앤〕
- 경찰서 .... 公安局 gōng'ānjú 〔꽁 안 쥐〕
- 파출소 .... 派出所 pàichūsuǒ 〔파이 츄 쑤어〕
- 경찰 .... 公安 / 警察 gōng'ān / jǐngchá 〔꽁 안 / 징 챠〕

ⓘ

길을 잃었을 때는 경찰(公安-꽁 안)에게 도움을 청하는 것이 좋다. 중국사람들은 그다지 친절하지 않고 잘 모르는 사람에게는 무관심하기 때문에 길을 잃어 도움을 청하는 데 많은 어려움이 따른다. 자신이 머물고 있는 곳의 안내 지도와 전화 번호 정도는 가지고 다니는 것이 좋다.

A : 请问，我是从韩国来的旅客。我迷路了。
Qǐngwèn   wǒ shì cóng Hánguó lái de lǚkè   Wǒ mí lù le
칭원 워 스 총 한구어 라이 더 뤼커 워 미루 러

去第一饭店该走哪个方向？
Qù Dìyī fàndiàn gāi zǒu nǎ ge fāngxiàng
취 띠이 판띠앤 가이 조우 나거 팡시양

B : 对不起，我不太清楚。
Duìbuqǐ   wǒ bú tài qīngchu
뛔이부치 워 부 타이 칭츄

A : 那么这附近有派出所吗？
Nàme zhè fùjìn yǒu pàichūsuǒ ma
나머 쩌 푸진 요우 파이츄쑤어 마

B : 跟我来。
Gēn wǒ lái
껀 워 라이

A : 谢谢。
Xièxie
시에시에

A : 실례합니다, 한국에서 온 여행객인데 길을 잃었습니다.
제일 호텔로 가려면 어느 쪽으로 가야 합니까?

B : 저도 잘 모르겠습니다.

A : 그럼, 근처에 파출소가 있습니까?

B : 저와 함께 가시죠.

A : 감사합니다.

부 록

뉴밀레니엄 중국어회화

기수와 서수

기수					
0	零 líng	링	17	十七 shíqī	스치
1	一 yī	이	18	十八 shíbā	스빠
2	二 èr	얼	19	十九 shíjiǔ	스지유
3	三 sān	싼	20	二十 èrshí	얼스
4	四 sì	쓰	30	三十 sānshí	싼스
5	五 wǔ	우	40	四十 sìshí	쓰스
6	六 liù	리유	50	五十 wǔshí	우스
7	七 qī	치	60	六十 liùshí	리유스
8	八 bā	빠	70	七十 qīshí	치스
9	九 jiǔ	지유	80	八十 bāshí	빠스
10	十 shí	스	90	九十 jiǔshí	지유스
11	十一 shíyī	스이	100	一百 yībǎi	이바이
12	十二 shíèr	스얼	1,000	一千 yīqiān	이치앤
13	十三 shísān	스싼	10,000	一万 yīwàn	이완
14	十四 shísì	스쓰	100,000	一十万 yīshíwàn	이스완
15	十五 shíwǔ	스우	1,000,000	一百万 yībǎiwàn	이바이완
16	十六 shíliù	스리유	100,000,000	一亿 yīyì	이이

· 1250 一千二百五十 yīqiān èrbǎi wǔshí 〔이치앤 얼바이 우스〕

· 2002 两千零二 liǎngqiānlíng'èr 〔랭치앤 링 얼〕

· 3030 三千零三十 sānqiān líng'sānshí 〔싼치앤 링 싼스〕

첫번째	第一 dìyī	띠이	여섯번째	第六 dìliù	띠리유
두번째	第二 dì'èr	띠얼	일곱번째	第七 dìqī	띠치
세번째	第三 dìsān	띠싼	여덟번째	第八 dìbā	띠빠
네번째	第四 dìsì	띠쓰	아홉번째	第九 dìjiǔ	띠지유
다섯번째	第五 dìwǔ	띠우	열번째	第十 dìshí	띠스

날짜

월

1월	一月 yīyuè	이 위에	7월	七月 qīyuè	치 위에
2월	二月 èryuè	얼 위에	8월	八月 bāyuè	빠 위에
3월	三月 sānyuè	싼 위에	9월	九月 yjiǔuè	지유 위에
4월	四月 sìyuè	쓰 위에	10월	十月 shíyuè	스 위에
5월	五月 wǔyuè	우 위에	11월	十一月 shíyīyuè	스이 위에
6월	六月 liùyuè	리유 위에	12월	十二月 shíèryuè	스얼 위에

요일

월요일	화요일	수요일	목요일
星期一 xīngqīyī	星期二 xīngqī'èr	星期三 xīngqīsān	星期四 xīngqīsì
씽치이	씽치얼	씽치싼	씽치쓰

금요일	토요일	일요일	
星期五 xīngqīwǔ	星期六 xīngqīliù	星期天／星期日 xīngqītiān／xīngqīrì	
씽치우	씽치리유	씽치티앤／씽치르	

때

시간		
아침	早上 zǎoshang	짜오샹
낮	白天 báitiān	바이티앤
저녁	晚上 wǎnshang	완샹
밤	夜 yè	이예
그제	前天 qiántiān	치앤티앤
어제	昨天 zuótiān	쭈어티앤
오늘	今天 jīntiān	진티앤
내일	明天 míngtiān	밍티앤
모레	后天 hòutiān	호우티앤
지난주	上个星期 shàngge xīngqī	샹거 씽치
이번주	这个星期 zhège xīngqī	쩌거 씽치
다음주	下个星期 xiàge xīngqī	시아거 씽치
지난달	上个月 shàngge yuè	샹거 위에
이번달	这个月 zhège yuè	쩌거 위에
다음달	下个月 xiàge yuè	시아거 위에
작년	去年 qùnián	취니앤
올해	今年 jīnnián	진니앤
내년	明年 míngnián	밍니앤

계절					
봄	春 chūn	춘	가을	秋 qiū	치유
여름	夏 xià	시아	겨울	冬 dōng	똥

도량형

길이		
밀리미터(mm)	毫米 háomǐ	하오미
센티미터(cm)	厘米 / 公分 límǐ / gōngfēn	리미 / 꽁펀
미터(m)	米 mǐ	미
킬로미터(km)	公里 gōnglǐ	꽁리

면적		
평방밀리미터(mm²)	平方毫米 píngfāng háomǐ	핑팡 하오미
평방센티미터(cm²)	平方厘米 píngfāng límǐ	핑팡 리미
평방미터(m²)	平方米 píngfāng mǐ	핑팡 미
평방킬로미터(km²)	平方公里 píngfāng gōnglǐ	핑팡 꽁리
아르(a)	公亩 gōngmǔ	꽁무
헥타르(ha)	公顷 gōngqǐng	꽁칭

중량		
밀리그램(mg)	毫克 háokè	하오커
센티그램(cg)	厘克 líkè	리커
그램	克 / 公分 kè / gōngfēn	커 / 꽁펀
킬로그램(kg)	公斤 gōngjīn	꽁진
톤(t)	吨 dūn	뚠

체적		
입방밀리미터(mm³)	立方毫米 lìfāng háomǐ	리팡 하오미
입방센티미터(cm³)	立方厘米 lìfāng límǐ	리팡 리미
입방미터(m³)	立方米 lìfāng mǐ	리팡 미

<table>
<thead>
<tr><th colspan="3">용량</th></tr>
</thead>
<tbody>
<tr><td>밀리리터(㎖)</td><td>毫升 háoshēng</td><td>하오 셩</td></tr>
<tr><td>센티리터(cl)</td><td>厘升 líshēng</td><td>리 셩</td></tr>
<tr><td>데시리터(㎗)</td><td>分升 fēnshēng</td><td>펀 셩</td></tr>
<tr><td>리터(ℓ)</td><td>升 shēng</td><td>셩</td></tr>
<tr><td>킬로리터(㎘)</td><td>千升 qiānshēng</td><td>치앤 셩</td></tr>
</tbody>
</table>

시간 보는 법

◎ 연(年)도 읽는법

· 1988년　一九八八年 yījiǔbābā nián 〔이 지유 빠 빠 니앤〕
· 1990년　一九九零年 yījiǔjiǔlíng nián 〔이 지유 지유 링 니앤〕
· 1999년　一九九九年 yījiǔjiǔjiǔ nián 〔이 지유 지유 지유 니앤〕

◎ 일(日)

· 1일　一号 yīhào 〔이 하오〕
· 2일　二号 èrhào 〔얼 하오〕
· 5일　五号 wǔhào 〔우 하오〕
· 10일　十号 shíhào 〔스 하오〕
· 25일　二十五号 èrshíwǔhào 〔얼스우 하오〕
· 30일　三十号 sānshíhào 〔싼스 하오〕

◎ 년·월·일과 요일 읽는 법

· 연도를 말할 때 일반적으로 그 수를 하나하나 읽는다.
· 월을 읽을 때는 우리말과 같다.
· 일을 읽을 때도 우리말과 같다.
☞ 1999년 8월 15일 일요일 : 　一九九九年 八月 十五日 星期天
　　　　　yījiǔjiǔjiǔnián bāyuè shíwǔrì xīngqītiān
　　　　　〔이지유지유지유니앤 빠위에 스우르 씽치티앤〕

现在几点 ?　지금 몇 시입니까?
Xiànzài jǐ diǎn
시앤짜이 지디앤

2시　　　　=　两点
liǎng diǎn

량디앤

2시 10분　=　两点十分
liǎng diǎn shí fēn

량디앤 스펀

2시 15분　=　两点十五分／两点一刻
liǎng diǎn shí wǔ fēn　　liǎng diǎn yí kè

량디앤 스우펀/량디앤 이커

2시 30분　=　两点三十分／两点半
liǎng diǎn sān shí fēn　　liǎng diǎn bàn

량디앤 싼스펀/량디앤 빤

2시 45분　=　两点四十五分／两点三刻
liǎng diǎn sì shí wǔ fēn　　liǎng diǎn sān kè

량디앤 쓰스우펀/량디앤 싼커

2시 50분　=　两点五十分／差十分三点
liǎng diǎn wǔ shí fēn　　chà shí fēn sān diǎn

량디앤 우스펀/차 스펀 싼디앤

几个小时 ?　몇 시간입니까?
Jǐ ge xiǎoshi
지거 시야오스

15분　　　=　一刻
yí kè

이커

30분　　　=　三十分锺／半个小时
sān shí fēn zhōng　bàn ge xiǎoshi

싼스펀쫑/빤거 시야오스

1시간　　=　一个小时
yí ge xiǎoshi

이거 시야오스

1시간 30분 =　一个半小时
yí ge bàn xiǎoshi

이거빤 시야오스

한국어	중국어		한국어	중국어	
가격	价格 jiàgé	찌아거	가방	包 bāo	빠오
가구	家具 jiājù	찌아쥐	가벼운	轻 qīng	칭
가까스로	勉强 miǎnqiǎng	미앤치양	가사	歌词 gēcí	꺼츠
가까스로	好不容易 hǎoburóngyi	하오뿌룽이	가수	歌手 gēshǒu	꺼쇼우
가까운	近 jìn	찐	가엾은	可怜 kělián	커리앤
가난한	贫穷 pínqióng	핀춍	가운데	中间 zhōngjiān	쫑지앤
가느다란	细 xì	시	가위	剪子 jiǎnzi	지앤즈
가다	去 qù	취	가을	秋天 qīutiān	치유티앤
가득하다	满 mǎn	만	가이드	导游 dǎoyóu	따오요우
가라오케	卡拉OK kǎ lā	카라오케이	가장	最 zuì	쮀이
가로	横 héng	헝	가정	家庭 jiātíng	찌아팅
가르치다	教 jiào	찌야오	가정주부	家庭妇女 jiātíng fùnǚ	지아팅 푸뉘

한국어	중국어	한국어	중국어
가죽	皮 pí 피	갑자기	突然 tūrán 투란
가죽구두	皮鞋 píxié 피시에	갑자기	忽然 hūrán 후란
가지	茄子 qiézi 치에즈	값	价钱 jiàqián 지아치앤
간단한	简单 jiǎndān 지앤딴	강	河/江 hé jiāng 허/지양
간부	干部 gànbù 깐뿌	강대한	强大 qiángdà 치앙따
간식	点心 diǎnxīn 디앤씬	강도	强盗 qiángdào 치양따오
간장	酱油 jiàngyóu 지양요우	같은	好象 hǎoxiàng 하오시양
간절한	诚恳 chéngkěn 청컨	개	狗 gǒu 꼬우
간호사	护士 hùshi 후스	개회	开会 kāi huì 카이 훼
감격하다	激动 jīdòng 지똥	객실	客房 kèfáng 커팡
감기	感冒 gǎnmào 깐마오	거스름돈	找钱 zhǎoqián 짜오치앤
감동하다	感动 gǎndòng 간똥	거울	镜子 jìngzi 징즈
감자	土豆儿 tǔdòur 투또얼	거절하다	拒绝 jùjué 쥐쥐에

한국어	중국어	한국어	중국어
거행하다	举行 쥐씽 jǔxíng	결정하다	决定 쥐에띵 juédìng
걱정하다	担心 딴신 dānxīn	결항	停飞 팅 페이 tíng fēi
건배	干杯 깐뻬이 gān bēi	결혼하다	结婚 지에훈 jiéhūn
건설	建设 찌앤셔 jiànshè	겸손한	客气 커치 kèqi
건조	干燥 깐자오 gānzào	경유지	经停站 징팅짠 jīngtíngzhàn
건축물	建筑物 찌앤쭈우 jiànzhùwù	경제	经济 징찌 jīngjì
걷다	走 조우 zǒu	경찰	警察 징챠 jǐngchá
검사대	台子 타이즈 táizi	경찰서	公安局 꿍안쥐 gōng'ānjú
검사하다	检查 지앤챠 jiǎnchá	경치	景色 징써 jǐngsè
검정색	黑色 헤이써 hēisè	계란	鸡蛋 지딴 jīdàn
게으른	懒 란 lǎn	계산대	柜台 꿰이타이 guìtái
겨울	冬天 똥티앤 dōngtiān	계산서	帐单 짱딴 zhàngdān
견학하다	参观 찬관 cānguān	계산하다	算 쑤안 suàn

한국어	중국어	한국어	중국어
계절	季节 찌지에 jìjié	골절	骨折 꾸져 gǔzhé
고객	顾客 꾸커 gùkè	곰	熊 숑 xióng
고구마	白薯 바이슈 báishǔ	공무원	公务员 꽁우위앤 gōngwùyuán
고기	肉 로우 ròu	공예품	工艺品 꽁이핀 gōngyìpǐn
고모	姑姑 꾸구 gūgu	공원	公园 꽁위앤 gōngyuán
고모부	姑父 꾸푸 gūfu	공중전화	公用电话 꽁용 띠앤화 gōngyòng diànhuà
고모부	姑父 꾸푸 gūfu	공항	机场 지챵 jīchǎng
고양이	猫 마오 māo	과일	水果 쉐이구어 shuǐguǒ
고의로	故意 꾸이 gùyì	관계	关系 꽌시 guānxi
고추	辣椒 라쟈오 làjiāo	관광버스	游览车 요우란처 yóulǎnchē
고추장	辣椒酱 라쟈오쟝 làjiāojiàng	관광지	游览区 요우란취 yóulǎnqū
곧	立刻 리커 lìkè	광천수	矿泉水 쾅취앤쉐이 kuàngquánshuǐ
곧	马上 마샹 mǎshàng	교육	教育 찌야오위 jiàoyù

한국어	중국어	한국어	중국어
교통	交通 찌야오통 jiāotōng	귤	橘子 쥐즈 júzi
구급차	救护车 찌우후처 jiùhùchē	그	他 타 tā
구름	云 윈 yún	그것	那/那个 나/나거 nà　nà ge
구명조끼	救生衣 찌우셩이 jiù shēng yī	그곳	那儿/那里 나알/나리 nàr　nàli
국	汤 탕 tāng	그녀	她 기름타 tā
국민	国民 구어민 guómín	그들	他们 타먼 tāmen
국수	面条 미앤티야오 miàntiáo	그릇	碗 완 wǎn
국제전화	国际电话 구어지 띠앤화 guójì　diànhuà	그림	画 화 huà
굵은	粗 추 cū	그저께	前天 치앤티앤 qiántiān
귀	耳朵 얼뚜어 ěrduo	극장	剧场 쥐창 jùchǎng
귀걸이	耳环 얼환 ěrhuán	근	斤 진 jīn
귀빈	稀客 시커 xīkè	금	金 진 jīn
귀중품	贵重物品 꿰이쫑 우핀 guìzhòng　wùpǐn	금년	今年 진니앤 jīnnián

한국어	중국어	한국어	중국어
금연석	禁烟席 진이앤시 jīnyānxí	기회	机会 지훼이 jīhuì
금요일	星期五 싱치 우 xīngqī wǔ	긴	长 챵 cháng
기념	纪念 찌니앤 jìniàn	김치	泡菜 파오차이 pàocài
기다리다	等 덩 děng	깊은	深 션 shēn
기록	记录 찌루 jìlù	깨끗한	干净 깐징 gānjìng
기름	油 요우 yóu	꽃	花 화 huā
기쁜	高兴 까오씽 gāoxìng	끌다	拉 라 lā
기숙사	宿舍 쑤셔 sùshè	나	我 워 wǒ
기술	技术 찌슈 jìshù	나가다	出去 츄취 chūqù
기온	气温 치원 qìwēn	나무	树 슈 shù
기자	记者 찌저 jìzhě	나쁜	坏 화이 huài
기점	始发站 스파짠 shǐfāzhàn	나오다	出来 츄라이 chūlái
기차	火车 후어쳐 huǒchē	나이	年纪 니앤지 niánjì

한국어	중국어	한국어	중국어
날씨	天气 티앤치 tiānqì	넓은	宽 콴 kuān
날씬한	苗条 먀오탸오 miáotiáo	넘어지다	跌倒 디에따오 diēdǎo
날짜	日子 르즈 rìzi	넥타이	领带 링따이 lǐngdài
남동생	弟弟 띠디 dìdi	노동	劳动 라오똥 láodòng
남자	男人 난런 nánrén	노란색	黄色 황써 huángsè
남쪽	南 난 nán	노래하다	唱歌 창꺼 chànggē
남편	丈夫 쨩푸 zhàngfu	노력하다	努力 누리 nǔlì
낮은	矮 아이 ǎi	노루	鹿 루 lù
내과	内科 네이커 nèikē	노점	摊子 탄즈 tānzi
내년	明年 밍니앤 míngnián	녹색	绿色 뤼써 lǜsè
내일	明天 밍티앤 míngtiān	놀다	玩 완 wán
너	你 니 nǐ	농구	篮球 란치유 lánqiú
너희들	你们 니먼 nǐmen	농부	农夫 농푸 nóngfū

한국어	중국어	한국어	중국어
높은	高 까오 gāo	다치다	受伤 쇼우샹 shòushāng
누구	谁 쉐이 shuí	단지	只 즈 zhǐ
누나	姐姐 지에지에 jiějie	단풍잎	红叶 홍이예 hóngyè
눈	雪 쉬에 xuě	닫다	关/闭 꽌/삐 guān bì
눈(얼굴)	眼睛 이앤징 yǎnjing	달	月亮 위에량 yuèliang
눕다	躺 탕 tǎng	달다	甜 티앤 tián
느끼다	觉得 쥐에더 juéde	달러	美元 메이위앤 měiyuán
느낌	感觉 깐쥐에 gǎnjué	달리다	跑步 파오뿌 pǎobù
느린	慢 만 màn	닭	鸡 찌 jī
늙은	老 라오 lǎo	담배	烟 이앤 yān
다리	桥 치야오 qiáo	담배피다	抽烟 쵸우이앤 chōuyān
다리(몸)	脚 지야오 jiǎo	당신	您 닌 nín
다시	再 짜이 zài	당연한	当然 땅란 dāngrán

한국어	중국어	한국어	중국어
대개	大概 dàgài 따까이	도자기	陶瓷器 táocíqì 타오츠치
대단히	非常 fēicháng 페이챵	도착하다	到 dào 따오
대답하다	回答 huídá 훼이다	독서	读书 dúshū 뚜슈
대략	大约 dàyuē 따위에	돈	钱 qián 치앤
대사관	大使馆 dàshǐguǎn 따스관	돈가방	钱包 qiánbāo 치앤빠오
대통령	总统 zǒngtǒng 종통	돌아오다	回来 huílái 훼이라이
대학	大学 dàxué 따쉬에	돕다	帮助 bāngzhù 빵쭈
더러운	脏 zāng 장	동물	动物 dòngwù 똥우
더욱	更 gèng 껑	동물원	动物园 dòngwùyuán 똥우위앤
더운	热 rè 러	동의하다	同意 tóngyì 통이
도둑	小偷 xiǎotōu 시야오토우	동전	硬币 yìngbì 잉삐
도서관	图书馆 túshūguǎn 투슈관	동쪽	东 dōng 똥
도시	城市 chéngshì 청스	돼지	猪 zhū 쥬

한국어	중국어	한국어	중국어
두꺼운	厚 호우 hòu	또한	也 이예 yě
두통	头疼 토우텅 tóuténg	뚱뚱한	胖 팡 pàng
뒤쪽	后面 호우미앤 hòumiàn	라디오	收音机 쇼우인지 shōuyīnjī
듣다	听 팅 tīng	라면	方便面 팡비앤미앤 fāngbiànmiàn
들어오다	进 진 jìn	~로부터	从 총 cóng
등기우편	挂号信 꽈하오씬 guàhàoxìn	리터	升 셩 shēng
등록하다	登记 떵지 dēngjì	립스틱	口红 코우홍 kǒuhóng
등산	爬山 파샨 páshān	마늘	大蒜 따쑤안 dà suàn
따뜻한	暖和 누안후어 nuǎnhuo	마당	院子 위앤즈 yuànzi
딸	女儿 뉘얼 nǚ'er	마른	瘦 쇼우 shòu
딸기	草莓 차오메이 cǎoméi	마시다	喝 허 hē
땅콩	花生 화셩 huāshēng	마음대로	随便 쑤이비앤 suíbiàn
떠나다	离开 리카이 líkāi	마일(mile)	英里 잉리 yīnglǐ

한국어	중국어	한국어	중국어
마중하다	接 지에 jiē	맛	味道 웨이따오 wèidao
마침내	终于 쫑위 zhōngyú	맛보다	尝 챵 cháng
만(10,000)	万 완 wàn	맛있다	好吃 하오츠 hǎochī
만나다	见/见面 찌앤/찌앤미앤 jiàn jiànmiàn	맞은쪽	对面 뛔이미앤 duìmiàn
만년필	钢笔 깡삐 gāngbǐ	매니저	经理 징리 jīnglǐ
만두	饺子 지야오즈 jiǎozi	매우	很 헌 hěn
만들다	制造 즈짜오 zhìzào	매일	每天 메이티앤 měitiān
만족하다	满意 만이 mǎnyì	매표인	售票员 쇼우퍄오위앤 shòupiàoyuán
만족하다	满足 만주 mǎnzú	맥박	脉搏 마이보 mài bó
많은	多 뚜어 duō	맥주	啤酒 피지유 píjiǔ
말	马 마 mǎ	맵다	辣 라 là
말	话 화 huà	머리	头 토우 tóu
말하다	说 슈어 shuō	머리카락	头发 토우파 tóufà

한국어	중국어	한국어	중국어
머무르다	停留 팅리유 tíngliú	목	嗓子 쌍즈 sǎngzi
먹다	吃 츠 chī	목	脖子 보어즈 bózi
멀다	远 위앤 yuǎn	목걸이	项链 시앙리앤 xiàngliàn
메뉴판	菜单 차이딴 càidān	목요일	星期四 씽치 쓰 xīngqī sì
며느리	媳妇 시푸 xífù	목욕하다	洗澡 시짜오 xǐzǎo
면	面条 미앤탸오 miàntiáo	목적지	目的地 무띠띠 mùdìdì
면(옷감)	棉 mián 미앤 mián	몸	身体 션티 shēntǐ
모래	沙 샤 shā	못생긴	丑 쵸우 chǒu
모레	后天 호우티앤 hòutiān	무거운	重 쫑 zhòng
모르다	不知道 뿌 즈따오 bù zhīdao	무엇	什么 션머 shénme
모양	样子 양즈 yàngzi	무역회사	贸易公司 마오이 꽁쓰 màoyì gōngsī
모자	帽子 마오즈 màozi	문	门 먼 mén
모자라다	不够 부꼬우 búgòu	문장	文章 원짱 wénzhāng

한국어	중국어	한국어	중국어
문제	问题 원티 wèntí	바(bar)	酒吧 지유바 jiǔbā
묻다	问 원 wèn	바구니	篮子 란즈 lánzi
물	水 쉐이 shuǐ	바꾸다	换 환 huàn
물건	东西 똥시 dōngxi	바나나	香蕉 샹지야오 xiāngjiāo
물고기	鱼 위 yú	바늘	针 쩐 zhēn
미국	美国 메이구어 Měiguó	바다	海 하이 hǎi
미술	美术 메이슈 měishù	바람	风 펑 fēng
미술관	美术馆 메이슈관 měishùguǎn	바람이	刮风 꽈펑 guāfēng
미안하다	对不起 뛔이부치 duìbuqǐ	바로	马上 마샹 mǎshang
미용실	美容院 메이롱위앤 měiróngyuàn	바쁜	忙 망 máng
미워하다	恨 헌 hèn	바지	裤子 쿠즈 kùzi
미터	米(公尺) 미(꽁츠) mǐ gōngchǐ	박물관	博物馆 보우관 bówùguǎn
믿다	相信 시양씬 xiāngxìn	박수치다	鼓掌 꾸쟝 gǔzhǎng

한국어	중국어	한국어	중국어
밖	外 와이 wài	배	肚子 뚜즈 dǔzi
반(절반)	半 빤 bàn	배(과일)	梨子 리즈 lízi
반(학급)	班 빤 bān	배(몸)	肚子 뚜즈 dùzi
반드시	一定 이띵 yídìng	배(선박)	船 촨 chuán
받아두다	收下 쇼우시아 shōuxià	배고픈	饿 어 è
발생하다	发生 파셩 fāshēng	배구	排球 파이치유 páiqiú
발음	发音 파인 fā yīn	배드민턴	羽毛球 위마오치유 yǔmáoqiú
밝은	明亮 밍량 míngliàng	배부른	饱 빠오 bǎo
밥	饭 판 fàn	배우	演员 이앤위앤 yǎnyuán
방	房间 팡지앤 fángjiān	배우다	学 쉬에 xué
방금	刚才 깡차이 gāngcái	백(100)	百 바이 bǎi
방문하다	拜访 바이팡 bàifǎng	백화점	百货大楼 바이후어 따로우 bǎihuò dàlóu
방학하다	放假 팡지아 fàngjià	버스	公共汽车 꽁공 치처 gōnggòng qìchē

한국어	중국어	한국어	중국어
버스 정류장	公共汽车站 꽁공 치처 짠 gōnggòng qìchē zhàn	보리	麦 마이 mài
버터	黄油 황요우 huángyóu	보석	珠宝 쥬빠오 zhūbǎo
번거롭다	麻烦 마판 máfan	보통 우편	平信 핑씬 píngxìn
번화	繁华 판화 fánhuá	복숭아	桃子 타오즈 táozi
벌써	已经 이징 yǐjing	복습하다	复习 푸시 fùxí
법	法 파 fǎ	복장	服装 푸쥬앙 fúzhuāng
벗다	脱 투어 tuō	볶다	炒 챠오 chǎo
변호사	律师 뤼스 lùshī	볼링	保龄球 빠오링치유 bǎolíngqiú
변화	变化 뻬앤화 biànhuà	봄	春天 츈티앤 chūntiān
병원	医院 이위앤 yīyuàn	부근	附近 푸진 fùjìn
보관	保管 빠오관 bǎoguǎn	부르다	叫 찌야오 jiào
보너스	奖金 지앙진 jiǎngjīn	부부	夫妇 푸푸 fūfù
보다	看 칸 kàn	부엌	厨房 츄팡 chúfáng

한국어	중국어	한국어	중국어
부유한	富裕 fùyù 푸위	비단	丝绸 sīchóu 쓰쵸우
부인	夫人 fūren 푸런	비로소	才 cái 차이
부지런한	勤 qín 친	비록	虽然 suīrán 쑤이란
부채	扇子 shànzǐ 샨즈	비상 계단	太平梯 tàipíngtī 타이핑티
부치다(편지)	寄 jì 찌	비상문	太平门 tàipíngmén 타이핑먼
북쪽	北 běi 베이	비서	秘书 mìshū 미슈
분명하다	明白 míngbai 밍바이	비슷한	差不多 chàbuduō 챠부뚜어
분실	遗失 yíshī 이스	비싼	贵 guì 꿰이
분위기	气氛 qìfēn 치펀	비용	费用 fèiyòng 페이용
불편하다	不舒服 bù shūfu 뿌 슈푸	비자	签证 qiānzhèng 치앤쩡
비	雨 yǔ 위	비행기	飞机 fēijī 페이지
비교적	比较 bǐjiào 비지야오	빌리다	借 jiè 지에
비누	肥皂 féizào 페이짜오	빛	光 guāng 꽝

한국어	중국어	한국어	중국어
빠른	快 콰이 kuài	사이다	汽水 치쉐이 qìshuǐ
빨강색	红色 홍써 hóngsè	사자	狮子 스즈 shīzi
빨리	赶快 간콰이 gǎnkuài	사전	词典 츠디앤 cídiǎn
빵	面包 미앤빠오 miànbāo	사진	照片 쟈오피앤 zhàopiàn
사거리	十字路口 스쯔루코우 shízìlùkǒu	사촌	堂兄弟 탕슝띠 tángxiōngdì
사과	苹果 핑구어 píngguǒ	사회	社会 셔훼이 shèhuì
사다	买 마이 mǎi	산	山 샨 shān
사랑하다	爱 아이 ài	살다	住 쭈 zhù
사무실	办公室 빤꽁스 bàngōngshì	삶다	煮 쥬 zhǔ
사실	事实 스스 shìshí	상인	商人 샹런 shāngrén
사업	事业 스이예 shìyè	상점	商店 샹띠앤 shāngdiàn
사용하다	使用 스용 shǐyòng	새로운	新 씬 xīn
사위	女婿 뉘쒸 nǚxù	새우	虾 시아 xiā

한국어	중국어	한국어	중국어
색깔	颜色 이앤써 yánsè	선생님	老师 라오스 lǎoshī
샌드위치	三明治 싼밍즈 sānmíngzhì	선택하다	选择 쉬앤저 xuǎnzé
생각하다	想 시양 xiǎng	설명하다	说明 슈어밍 shuōmíng
생산하다	生产 셩찬 shēngchǎn	설탕	糖 탕 táng
생일	生日 셩르 shēngrì	성격	性格 씽꺼 xìnggé
생활	生活 셩후어 shēnghuó	성공하다	成功 청꽁 chénggōng
서비스	服务 푸우 fúwù	성의	诚意 청이 chéngyì
서비스요금	服务费 푸우페이 fúwùfèi	성장하다	成长 청짱 chéngzhǎng
서울	汉城 한청 hànchéng	세계	世界 스찌에 shìjiè
서점	书店 슈띠앤 shūdiàn	센티미터	公分/厘米 꽁펀/리미 gōngfēn/límǐ
서쪽	西 시 xī	소	牛 니유 niú
선물	礼物 리우 lǐwù	소개하다	介绍 찌에샤오 jièshào
선생	先生 시앤셩 xiānshēng	소금	盐 이앤 yán

한국어	중국어	한국어	중국어
소설	小说 시야오슈어 xiǎoshuō	숙소	宿舍 쑤셔 sùshè
소시지	香肠 시양창 xiāngcháng	숙제	作业 쭈어이예 zuòyè
소식	消息 시야오시 xiāoxī	숟가락	勺子 샤오즈 sháozi
소포	包裹 빠오구어 bāoguǒ	술	酒 지유 jiǔ
손가락	手指 쇼우즈 shǒuzhǐ	쉬다	休 시유 xiū
손가방	手提包 쇼우티빠오 shǒutíbāo	쉬운	容易 롱이 róngyì
손녀	孙女 쑨뉘 sūnnǚ	슈퍼마켓	超级市场 챠오지 스챵 chāojí shìcháng
손님	客人 커런 kèrén	스카프	围巾 웨이진 wéijīn
손자	孙子 쑨즈 sūnzǐ	스케이트	滑冰 화삥 huábīng
수고하다	辛苦 씬쿠 xīnkǔ	스키	滑雪 화쉬에 huáxuě
수박	西瓜 시과 xīguā	스튜어디스	空中小姐 콩쭝 시야오지에 kōngzhōng xiǎojie
수영	游泳 요우용 yóuyǒng	승객	乘客 청커 chéngkè
수요일	星期三 씽치 싼 xīngqī sān	시	诗 스 shī

한국어	중국어	한국어	중국어
시간	时间 shíjiān 스지앤	신호등	红绿灯 hónglǜdēng 홍뤼떵
시원한	凉快 liángkuài 량콰이	싸다	便宜 piányi 피앤이
시장	市场 shìchǎng 스챵	쌀밥	米饭 mǐfàn 미판
시합	比赛 bǐsài 비싸이	쓰다	写 xiě 시에
시험	考试 kǎoshì 카오스	쓰다(모자)	戴 dài 따이
식당	餐厅 cāntīng 찬팅	쓴(맛)	苦 kǔ 쿠
식물원	植物园 zhíwùyuán 즈우위앤	씻다	洗 xǐ 시
식초	醋 cù 추	아가씨	小姐 xiǎojie 시야오지에
신고	申报 shēnbào 션빠오	아내	妻子/太太 qīzi/tàitai 치즈/타이타이
신문	报纸 bàozhǐ 빠오즈	아들	儿子 érzi 얼즈
신발	鞋 xié 시에	아래쪽	下面 xiàmiàn 시아미앤
신용카드	信用卡 xìnyòngkǎ 신용카	아름다운	美丽 měilì 메이리
신청	申请 shēnqǐng 션칭	아버지	父亲 fùqīn 푸친

한국어	중국어	한국어	중국어
아쉽다	可惜 커시 kěxī	알려주다	告诉 까오쑤 gàosu
아이	孩子 하이즈 háizi	앞쪽	前面 치앤미앤 qiánmiàn
아직	还 하이 hái	애인	对象 뛔이시양 duìxiàng
아침	早上 짜오샹 zǎoshàng	야구	棒求 빵치유 bàngqiú
아침밥	早饭 자오판 zǎofàn	야채	蔬菜 슈차이 shūcài
아프다	疼 텅 téng	약국	药店 야오띠앤 yàodiàn
악수하다	握手 워쇼우 wòshǒu	약속하다	约定 위에띵 yuēdìng
안	内 네이 nèi	양	羊 양 yáng
안심하다	放心 팡씬 fàngxīn	양복	西服 시푸 xīfú
안쪽	里边 리비앤 lǐbiān	양식	西餐 시찬 xīcān
앉다	坐 쭈어 zuò	양파	洋葱 양총 yángcōng
알다	认识 런스 rènshi	얕은	浅 치앤 qiǎn
알다	知道 즈따오 zhīdao	어떻게	怎么 쩐머 zěnme

한국어	중국어	한국어	중국어
어려운	难 난 nán	여름	夏天 시아티앤 xiàtiān
어머니	妈妈 마마 māma	역사	历史 리스 lìshǐ
어머니	母亲 무친 mǔqīn	연구하다	研究 이앤지유 yánjiū
어제	昨天 쭈어티앤 zuótiān	연습	练习 리앤시 liànxí
언니	姐姐 지에지에 jiějie	열쇠	钥匙 야오스 yàoshi
얼굴	脸 리앤 liǎn	열이 나다	发烧 파샤오 fā shāo
얼마	多少 뚜어샤오 duōshǎo	영어	英语 잉위 yīngyǔ
얼음	冰 삥 bīng	영화	电影 띠앤잉 diànyǐng
없다	没有 메이요우 méiyǒu	옆	旁边 팡비앤 pángbiān
없다	不在 부짜이 búzài	예습하다	预习 위시 yùxí
여권	护照 후짜오 hùzhào	예약하다	预订 위띵 yùdìng
여기	这儿/这里 쩌얼/쩌리 zhèr zhèli	예의	礼仪/礼貌 리이/리마오 lǐyí lǐmào
여동생	妹妹 메이메이 mèimei	예절	礼节 리지에 lǐjié

한국어	중국어	한국어	중국어
오늘	今天 진티앤 jīntiān	외과	外科 와이커 wàikē
오다	来 라이 lái	외국어	外国语 와이구어위 wàiguóyǔ
오래된	旧 지우 jiù	외국인	外国人 와이구어런 wàiguórén
오랫동안	久 지우 jiǔ	왼쪽	左边 주어비앤 zuǒbiān
오르다	上 샹 shàng	욕실	浴室 위스 yù shì
오른쪽	右边 요우비앤 yòubiān	용서하다	原谅 위앤량 yuánliàng
오빠	哥哥 꺼꺼 gēge	우리	我们 워먼 wǒmen
오전	上午 샹우 shàngwǔ	우산	雨伞 위싼 yǔsǎn
오후	下午 시아우 xiàwǔ	우선	首先 쇼우시앤 shǒuxiān
온도	温度 원뚜 wēndù	우유	牛奶 니유나이 niúnǎi
옷	衣服 이푸 yīfu	우정	友谊 요우이 yǒuyì
와이셔츠	衬衫 쳔샨 chènshān	운동하다	运动 윈똥 yùndòng
완구점	玩具店 완쥐 wánjùdiàn	운전기사	司机 쓰지 sījī

한국어	중국어	한국어	중국어
울다	哭 쿠 kū	의자	椅子 이즈 yǐzi
웃다	笑 시야오 xiào	이것	这/这个 쩌/쩌거 zhè zhè ge
원숭이	猴子 호우즈 hóuzi	이륙하다	起飞 치페이 qǐfēi
월요일	星期一 씽치이 xīngqī yī	이름	名字 밍즈 míngzi
위쪽	上面 샹미앤 shàngmiàn	이모	姨母 이무 yímǔ
유리	玻璃 보어리 bōlí	이모부	姨父 이푸 yífu
유명한	有名 요우밍 yǒumíng	이상한	奇怪 치꽈이 qíguài
은	银 인 yín	이유	理由 리요우 lǐyóu
은행	银行 인항 yínháng	이해하다	懂 둥 dǒng
음식	菜 차이 cài	이해하다	了解 랴오지에 liǎojiě
음악	音乐 인위에 yīnyuè	인도	人行道 런씽따오 rénxíngdào
의사	大夫 따이푸 dàifu	인민폐	人民币 런민삐 rénmínbì
의사	医生 이셩 yīshēng	일	工作 꽁쭈어 gōngzuò

한국어	중국어	한국어	중국어
일본	日本 르번 Rìběn	자전거	自行车 쯔씽처 zìxíngchē
일어나다	起 치 qǐ	작가	作家 쭈어지아 zuòjiā
일요일	星期天(日) 씽치티앤(르) xīngqī tiān rì	작년	去年 취니앤 qùnián
잃어버리다	丢 띠유 diū	작은	小 시야오 xiǎo
입	嘴 쮀이 zuǐ	잔돈	零钱 링치앤 língqián
입다	穿 츄안 chuān	잡지	杂志 짜즈 zázhì
입장권	门票 먼퍄오 ménpiào	장사	买卖 마이마이 mǎimài
있다	在 짜이 zài	장사	生意 셩이 shēngyì
있다	有 요우 yǒu	재떨이	烟恢缸 이앤훼이깡 yānhuīgāng
잊다	忘 왕 wàng	재미있다	有意思 요우이쓰 yǒuyìsi
자기	自己 쯔지 zìjǐ	잼	果酱 구어찌양 guǒjiàng
자다	睡觉 쉐이지야오 shuìjiào	쟁반	盘子 판즈 pánzi
자동차	汽车 치처 qìchē	저것	那 나 nà

한국어	중국어	한국어	중국어
저기	那儿/那里 나알/나리 nàr nàli	젓가락	筷子 콰이즈 kuàizi
저녁	晚上 완샹 wǎnshang	정각	准时 쥰스 zhǔnshí
저녁밥	晚饭 완판 wǎnfàn	제일	第一 띠 이 dìyī
적은	少 샤오 shǎo	조금	一点 이 디앤 yì diǎn
적합한	合适 허스 héshì	조심하다	小心 시야오신 xiǎoxīn
전부	一共 이꿍 yígòng	졸업하다	毕业 삐이예 bìyè
전자제품	电子品 띠앤즈핀 diànzipǐn	좁은	窄 쟈이 zhǎi
전화	电话 띠앤화 diànhuà	종업원	服务员 푸우위앤 fúwùyuán
전화번호	电话号码 띠앤화 하오마 diànhuà hàomǎ	종이	纸 즈 zhǐ
젊은	年轻 니앤칭 niánqīng	좋아하다	喜欢 시환 xǐhuān
점심	中午 쫑우 zhōngwǔ	좋은	好 하오 hǎo
점심밥	午饭 우판 wǔfàn	주량	酒量 지유량 jiǔliàng
접시	碟子 디에즈 diézi	주문하다	点菜 디앤 차이 diǎn cài

한국어	중국어	한국어	중국어
주사	打针 따 쩐 dǎ zhēn	지각하다	迟到 츠따오 chídào
주요한	主要 주야오 zhǔyào	지구	地球 띠치유 dìqiú
주의하다	注意 주이 zhùyì	지나다	过去 꾸어취 guòqù
주인	主人 주런 zhǔrén	지나다	经过 징꾸어 jīngguò
주장하다	主张 주짱 zhǔzhāng	지도	地图 띠투 dìtú
죽다	死 쓰 sǐ	지불하다	付 푸 fù
준비하다	准备 쥰뻬이 zhǔnbèi	지폐	钞票 챠오퍄오 chāopiào
중간	中间 쫑지앤 zhōngjiān	지하철	地铁 띠티에 dìtiě
중국	中国 쫑구어 Zhōngguó	직업	职业 즈이예 zhíyè
중국어	汉语 한위 hànyǔ	직원	职员 즈위앤 zhíyuán
중국요리	中餐 쫑찬 zhōngcān	진지한	认真 런쩐 rènzhēn
중요한	重要 쫑야오 zhòngyào	짐	行李 씽리 xíngli
즐거운	快乐 콰이러 kuàilè	집	家 지아 jiā

한국어	중국어	한국어	중국어
집	房子 팡즈 fángzi	찾다	找 쟈오 zhǎo
짠	咸 시앤 xián	책	书 슈 shū
짧은	短 뚜안 duǎn	처리하다	办 빤 bàn
~쪽으로	往 왕 wǎng	처음	初次 츄츠 chūcì
찌다	蒸 쩡 zhēng	천(1000)	千 치앤 qiān
차	茶 챠 chá	첨가하다	添 티앤 tiān
차	车 처 chē	체온	体温 티원 tǐwēn
차멀미	晕车 윈쳐 yùnchē	초청하다	邀请 야오칭 yāoqǐng
차비	车费 처페이 chēfèi	촬영하다	摄影 셔잉 shèyǐng
착륙하다	降落 찌양루어 jiàngluò	축구	足球 주치유 zú qiú
참가하다	参加 찬지아 cānjiā	축하하다	恭喜 꽁시 gōngxǐ
참새	麻雀 마춰에 máquè	축하하다	祝贺 쭈허 zhùhè
창가	靠窗口 카오 츄앙코우 kào chuāngkǒu	출구	出口 츄코우 chūkǒu

한국어	중국어	한국어	중국어
출근하다	上班 샹빤 shàngbān	친구	朋友 펑요우 péngyou
출발하다	出发 츄파 chūfā	친절한	热情 러칭 rèqíng
춤추다	跳舞 탸오우 tiàowǔ	친척	亲戚 친치 qīnqi
춥다	冷 렁 lěng	침대	床 츄앙 chuáng
충분한	够 꼬우 gòu	칫솔	牙刷 야슈아 yáshuā
취미	爱好 아이하오 ài hào	카메라	照相机 짜오시양지 zhàoxiàngjī
취소하다	取消 취시야오 qǔxiāo	칼	刀子 따오즈 dāozi
취하다	醉 쮀이 zuì	커피	咖啡 카페이 kāfēi
측정하다	量 량 liáng	커피숍	咖啡厅 카페이팅 kāfēitīng
치과	牙科 야커 yákē	컴퓨터	电脑 띠앤나오 diànnǎo
치마	裙子 췬즈 qúnzi	컵	杯子 뻬이즈 bēizi
치약	牙膏 야까오 yágāo	케익	蛋糕 딴까오 dàngāo
치통	牙疼 야텅 yáténg	코	鼻子 비즈 bízi

한국어	중국어	한국어	중국어
코끼리	象 시양 xiàng	택시	出租汽车 츄주치처 chūzūqìchē
콜라	可乐 커러 kělè	테니스	网球 왕치유 wǎngqiú
콩	豆 또우 dòu	텔레비전	电视 띠앤스 diànshì
큰	大 따 dà	토요일	星期六 씽치리유 xīngqī liù
키	个子 꺼즈 gèzi	퇴근하다	下班 시아빤 xiàbān
킬로그램	公斤 꿍진 gōngjīn	튀기다	炸 짜 zhá
킬로미터	公里 꿍리 gōnglǐ	특별하다	特别 터비에 tèbié
타다(말)	骑 치 qí	특산품	特产品 터찬핀 tèchǎnpǐn
타다(차)	坐 쭈어 zuò	팁	小费 시야오페이 xiǎofèi
탁구	乒乓球 평팡치유 pīngpāngqiú	파랑색	蓝色 란써 lánsè
탁자	桌子 쥬어즈 zhuōzi	파티	宴会 이앤훼이 yànhuì
탑	塔 타 tǎ	팔다	卖 마이 mài
태양	太阳 타이양 tàiyáng	패스트푸드	快餐 콰이찬 kuàicān

한국어	중국어	한국어	중국어
편리한	方便 팡비앤 fāngbiàn	필요하다	须要 쉬야오 xūyào
편안한	舒服 슈푸 shūfu	필통	铅笔盒 치앤삐허 qiānbǐhé
편지	信 씬 xìn	하늘	天/天空 티앤/티앤콩 tiān tiānkōng
포도	葡萄 푸타오 pútáo	하다	做/干 쭈어/깐 zuò gàn
포도주	葡萄酒 푸타오지유 pútáojiǔ	하루종일	整天 쩡티앤 zhěngtiān
포장하다	包装 빠오쥬앙 bāozhuāng	학교	学校 쉬에시야오 xuéxiào
포크	叉子 챠즈 chāzi	학급	班 빤 bān
표	票 퍄오 piào	학생	学生 쉬에셩 xuéshēng
표시하다	表示 뱌오스 biǎoshì	한가하다	闲 시앤 xián
표현하다	表现 뱌오시앤 biǎoxiàn	한국	韩国 한구어 Hánguó
풍경	风景 펑징 fēngjǐng	한국사람	韩国人 한구어런 Hánguórén
필름	胶卷 지야오쥐앤 jiāojuǎn	한국어	韩国语 한구어위 Hánguóyǔ
필요없다	不要 뿌야오 bú yào	한자	汉字 한쯔 hànzì

한국어	중국어		한국어	중국어	
할 수 있다	能	넝 néng	현상하다	冲洗	총시 chōngxǐ
할 수 있다	会	훼이 huì	현재	现在	시앤짜이 xiànzài
함께	一起	이치 yìqǐ	혈압	血压	쉬에야 xuèyā
항상	经常	징챵 jīngcháng	혈액형	血型	쉬에씽 xuèxíng
항상	常常	챵챵 chángcháng	형	哥哥	꺼꺼 gēge
해산물	海鲜	하이시앤 hǎixiān	호랑이	老虎	라오후 lǎohǔ
행동하다	行动	씽뚱 xíngdòng	호박	南瓜	난꽈 nánguā
행복	幸福	씽푸 xìngfú	호수	湖	후 hú
행인	行人	씽런 xíngrén	호텔	饭店	판띠앤 fàndiàn
향기로운	香	시앙 xiāng	혼자	自己	쯔지 zìjǐ
향수	香水	시앙쉐이 xiāngshuǐ	홍차	红茶	홍챠 hóng chá
허리	腰	야오 yāo	화가	画家	화지아 huàjiā
헤어지다	散	싼 sàn	화상	火伤	후어샹 huǒshāng

한국어	중국어	한국어	중국어
화요일	星期二 씽치얼 xīngqī'èr	후회	后悔 호우훼이 hòuhuǐ
화장실	洗手间 시요우지앤 xǐshǒujiān	훔치다	偷 토우 tōu
화장품	化妆品 화쥬앙핀 huàzhuāngpǐn	휴식	休息 시유시 xiūxī
확인	确认 취에런 quèrèn	휴지	卫生纸 웨이셩즈 wèishēngzhǐ
환전	换钱 환치앤 huànqián	흐린	阴 인 yīn
회사	公司 꿍쓰 gōngsī	흑백	黑白 헤이바이 hēibái
회의	会议 훼이이 huìyì	흡연석	吸烟席 시이앤시 xīyānxí
후추	胡椒 후지야오 hújiāo	흰색	白色 바이써 báisè

왕초짜 중국어

올칼라로 배우는
왕초짜를 위한 첫걸음용 교재!

* 4×6배판 / 160P / Tape 3개
/ 특별부록 발음패턴노트

- 가장 많이 사용하는 기본패턴으로 중국어의 말문을 튼다!
- 처음부터 확실하게 **발음의 기초를** 다진다!
- 왕초보를 위한 **간단하고 쉬운 기초회화!**
- 말하기 · 듣기 · 읽기 · 쓰기를 동시에!

단, 21① 문장으로 기초회화의 말문을 연다!

왕초짜 중국어회화

- 우리말 발음으로 배우는 **엄청 쉬운 중국어!**
- 바로 써 먹을 수 있는 **알짜배기 표현!**
- **발음 + 요점 해설 + 현지 사진**
- 꼭 알아두어야 할 한중 단어

* 4×6판 / 256P / Tape 2개

여행회화 시리즈

| 일본어 | 영어 | 중국어 |

해외여행에 꼭 필요한 핵심문장만을 수록!

- 현지 **칼라사진**으로 해외여행 미리 맛보기!
- 장면별 **필수단어** 바로바로 확인!
- 실제 도움이 되는 **알짜여행정보**가 가득!

해외여행갈 때 꼭 챙겨가자!

- 한국어
- 영어
- 중국어
- 일본어

| 스페인어 | 4개국 어휘집 |

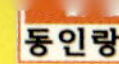
동인랑

동인랑

동인랑

동인랑

동인랑

동인랑

동인랑

동인랑

동인랑

동인랑

동인랑

동인랑

동인랑

동인랑

동인랑